Anti-Organizing Life

アンチ整理術

MORI Hiroshi

Soulmate 12

任何整理術都比不上你開始思考。

人生超整理

想要煥然一新，該整理的不是物品，而是思考方式、人際關係，還有你自己。

森博嗣

楊明綺——譯

前言——「不整理」的整理術

森博嗣

森博嗣是個彆扭傢伙

這一陣子，找我寫新書或散文的案子非常多。明明我已經是個半引退的作家，出版社還是對我有所期待：「小說沒辦法的話，那就寫非文學類作品……」結果光是今年，我就出版了十本著作。

在這之中，希望我撰寫關於「工作術」的提案尤其最多。森博嗣堪稱快手作家，書一本接一本出，明明如此，一天卻只花一小時寫作（其實是四十五分鐘）。恐怕大家是聽說過這樣的事，覺得我是那種具有高度專注力，不但會有效利用時間，還能在腦子裡清楚整理思緒的人，所以都希望我談談提升工作效率的技巧。不過，幾乎所有案子都很急迫，希望我在「今年內完成」，自知辦不到的我於是推掉了九成的案子。此外，也有版稅等條件談不攏而婉拒的狀況，畢竟我可不是因為興趣，而是基於工作而寫。

這本書的內容，或許也算跟「工作術」有關——著眼於如何整理、整頓自己周遭的事物，如何在腦中整理、挑選各種資訊等，剛好有案子委託我寫些這樣的東西。

我推掉過相同主題的案子，因為自己在這方面並沒有什麼原則和技巧。但這種委託出現不只一次，足見確實有這樣的需求，也就是大家想了解的主題，所以這次我決定接下這案子，試著動腦想想，看看能寫些什麼。

曾經有出版社找我寫「工作的價值」，我於是寫了一本《有價值的工作是種幻想》；也有出版社找我寫過「如何培養專注力、提升工作效率」，我卻寫了一本主張「不需要專注力」，完全唱反調的書。類似的例子另外也還有好幾個。

我想大家應該已經注意到了，森博嗣是個彆扭傢伙，喜歡唱反調、不按牌理出牌，不寫不動腦子思考的東西。不過，我倒是可以寫寫為何喜歡反向思考、為何想法總是超乎常規，因為自有我的道理。

我只是寫文章的職人

不被世人理解可說是我的一項人格特質，因為我沒打算向世人表述些什麼。再者，我也從來不想干涉別人的生活，一味主張自己的作法正確，要求別人也得跟我一樣。

製作鍋子的工匠不是基於喜歡鍋子而從事這個行業，但也許是看到自己做的鍋子問世，從中得到成就感，所以訂單成了工作的動力。感受到自己能回應別人的要求、對別人有所助益的喜悅，我認為工作就是這麼回事。

我以前的工作是做研究，這種工作沒有來自別人的委託，一切始於思考哪裡需要什麼，這也是工作的一部分。二十幾歲到四十好幾的我，就是從事這樣的工作；三十幾歲時，我則因緣際會成了作家，起初是帶點玩票性質搖筆桿，不知不覺中，兼差收入反而高於正職。

我不是因為想寫作而踏上作家這條路，而是有人找我寫東西，為了回應別人的委託而寫。所以我只是個職人，不是文化人，更非藝術家。

我當然也有寫不出來的東西，像是毫無經驗的領域，或是和自己認知不同的主題等。實際上，我沒有所謂的「工作術」，因為一直以來都是不曾設限，也沒什麼方針地工作著。正因為不拘泥於任何形式，所以我明明是個做研究的人，卻創作小說。

想要上進的心是基本能力

我非常抗拒所謂的「整理術」，但也明白委託者的心情，畢竟像這種「只要這麼做就能成功」的書在坊間確實多到不勝枚舉，有著廣大讀者群。

任誰都經歷過少不更事的青澀歲月，難免擔心自己因為閱歷淺薄而有所損失。隨著年紀增長，工作步上常軌，進入稍微安定的時期，也會想要提升自我；一旦工作遇到瓶頸，則會思索如何修正，尋求能讓自己借鏡、突破的東西。應該有不少人都抱著這樣的期許。

在面對自己的工作與人生觀時，有些人會試著買書參考，仿效別人的成功法則。問題是，現在大多數的日本人根本不看書，就算看了也不會思考活用。其實，只要培養閱讀這項基本能力，以及想自我提升的企圖心，便能積極面對任何事，這是邁向成功的一大要素。總之，想要上進的心，可說是一種基本能力。

無論是什麼樣的情報，只要想著可以活用它，便能有所助益。相反地，拒絕接收不同領域的情報，認為別人寫這些只是想炫耀自己的人，即便得到同樣的情報也不會活用。至於這麼做的得失利弊，端視個人想法而定。

你過著和別人比較的人生嗎？

我再來寫一點不太好寫的事吧。這個世界絕對不是只要努力就有回報，肯定有再怎麼努力也做不好的時候；也會有即使不努力，還能坐享其成的人。這不是很不公平嗎？是的，就是這麼不公平。無論是人世間還是大自然，都是由不公平構成的，所以才會打造出「公平」這項原則，試圖改善人類社會。

能力比較差的人，假使不比別人花費更多時間、更多努力，便無法達成同一個目的，不過這麼做是否為「損失」，也是因人而異。如果是跟別人比較、競爭，耗費的時間當然越短越有利，但若是埋首於自己喜歡做的事，為了達成目標而大費周章，反倒會因為享受了更多愉快時光，而覺得有利。

為了跟別人較勁而活，和為了自我的快樂而活，完全是兩碼子事。

「整理」一事恐怕也是如此。我不知道那種可以提升工作效率、在競爭中贏過別人的整理術，因為我從不認為這樣的「競爭」有何意義。把時間用來做無意義的事，更是再蠢不過了。

不管是以前的研究室、實驗室，還是現在的書房、工作室，我工作的地方一向十分凌亂，因為東西太多，根本無從整理。但以前我就是在這樣的地方做研究，如今也在這樣的地方從事創作。

所以，我沒有什麼這方面的「整理術」。講白了，就是根本沒這必要。我認為要是有時間整理，不如用來研究、創作和工作還比較實際。

總之，這就是我的「整理術」。

也可以說，這就是本書最重要的結論。

除了斷捨離之外，還能做什麼？

「斷捨離」在世間儼然蔚為話題，我有時候也會被問：「你對斷捨離有何看法？」不可否認，世人所認知的「生活智慧」，多半是教人如何收納、整理，如何捨棄、活用不要的東西等這些會引發熱議的方法論。

對於「斷捨離」，我只有一個想法——捨棄可以斷然不要的東西，只保留不是這樣的東西。就是這樣，十分單純明快吧？

比方說，我把從年輕時只看過一遍的書和錄影帶都扔了，因為我不會再看第二遍。另一方面，不是屬於這一類，而且是我自己買的東西幾乎都沒扔，因為將來也許還會派上用場，我實在無法斷言就不需要了。基本上，我用自己賺的錢換來的東西，都還有用得著的「可能性」。

我的工作室和書房充滿著這種可能性。對我來說，東西多又凌亂的模樣，無疑是「充滿可能性的一座山」，看似破銅爛鐵的廢物都是「寶」，所以我從沒想過要丟掉它們。

人生不需要什麼「終活」

最近還有個熱門話題是「終活」（臨終活動），也就是為了臨終做準備，打理好身邊事物，這也是我認為毫無意義的事。做這種事會開心嗎？我真的很懷疑。

人一旦死了，一切就結束了。沒有冥界，也沒有天堂或地獄，就是從這個世界消失，人生畫下句點。

我拆了父母留下的家，處理掉大量垃圾，大概花了三百萬日圓左右的清運費，但父母留給我的遺產更多，也沒有任何債務，所以我一點也不覺得困擾。喪葬費只花了幾百萬日圓，簡單舉行家祭儀式，也沒有造墓，因為我覺得不需要。

將來我過世後，孩子們有權處分我留下來的東西，看是要丟要賣都行。賣掉或許比較不花錢吧，總之，隨便他們怎麼處置，就算決定要丟掉，反正我就是會留下這些遺產。

我覺得自己就算橫死路邊也無妨，我不需要墳墓，也不想辦喪禮。不過，造墓和辦喪禮的決定權不在於我，而是我的孩子們，父母不能連這種事都干涉。這就是我的終活，很簡單吧？

今天就好好為明天做準備吧

到目前為止，光看這篇前言，各位恐怕還是不太能理解本書的內容，那我就先寫結論吧。

要談斷捨離的話，你身邊的所有東西想要怎麼處置都行，但在這之前，先斷捨離自己的心情吧。終活也是一樣，要先抱著「終將一死」的覺悟。接著是人際關係的斷捨離，盡量別把這種麻煩事留給後代子孫，好比負債、接受他人的幫助等，處理好這種關係就對了。至於親戚關係，孩子要是不想維持，那就斷了這緣分吧。這才是真正的斷捨離。若想要斷捨離，就先從這方面著手。不過別誤會，我並不是鼓勵大家一定要這樣做。

即便如此，每個人的人生觀各不相同，總是會有難以割捨，或無法斷得一乾二淨的關係。但我覺得照著自己的想法打造出理想藍圖，並且每天確認自己是否朝這個方向一步步前進，真的很重要。

雖然人終將一死，但我們還是可以努力迎接不讓自己死去的明天、後天。既然如此，今天就為了明天做準備吧。我就是一邊這樣思索著，一邊書寫我所認知的「整理術」。

PENNZOIL
A&B
TURTLE CREEK
LUMBER CO
3

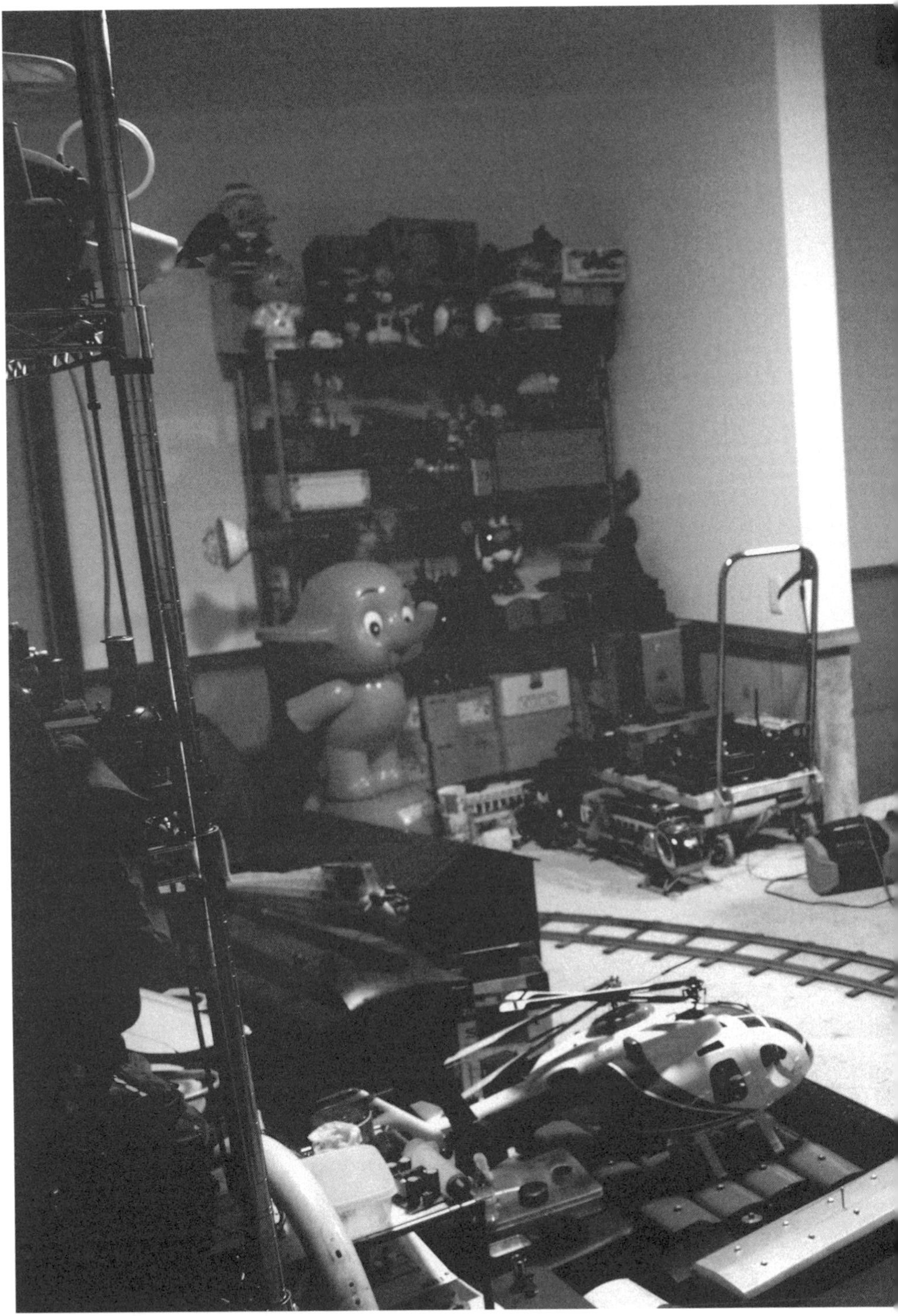

注意
Victor
ELECTRIC LOCOMOTIVE
GENERAL ELECTRIC CO.
EACHINE

目次

後記・一切都是如此無可奈何

家母遺留下來的尋寶遊戲／是無盡的苦行還是夢想的起點？／生活環境散亂，但生存之道可沒有一團糟

Chapter I

為什麼要「整理」？

整理、整頓就只是促使人類湧現活力、產生幹勁的東西。

然而，還是有很多人抱著無謂的期待，

誤以為整理、整頓具有提升效率、催生靈感、增進工作能力的效果……

凌亂是自然的法則

我們先從為什麼需要整理、整頓這問題開始來談吧。

人們常說，整理、整頓是「任誰都必須做的事」。這是為什麼呢？其實理由很簡單，因為目前的狀況很凌亂。

那麼，為何會凌亂呢？並不是這個人的個性不好。好比狗和幼兒，要是放任他（牠）們不管，肯定把周遭搞得一團亂，不會自己收拾。你若問他（牠）們：「為什麼搞得亂七八糟？」應該問不出任何答案，但不妨想像一下——因為搞得一團亂，讓他（牠）們心情愉快；因為愉快，才會這麼做。

不單是幼兒與動物，自然界也是如此，一旦放任不管，就會有越來越散亂的傾向。這在物理學上，是指「熵（譯註：entropy，用以計算物理系統中的無秩序或混亂程度的一種量度）不斷增加」的這個大原則。換句話說，就是將這種「散亂」的狀態予以均質化。

反過來想，所謂收拾好的模樣，就是東西並非處於隨機狀態，而是相同種類聚集在一起，清楚地劃分出「密集」與「空無一物」的空間，也就是呈現「非均質」狀態。

這種非均質狀態是人類打造出來的，也就是「人工」。都市是「人工」的產物，我們去鄉下地方，走入深山、潛進海底，就會看到與人工化都市完全相反的「自然」。

生命是非均質的東西

人們明明覺得自然比人工「美」，卻覺得散亂的自然不美，所以硬要整理、整頓、清掃，以人工方式打造成非均質，再以「美麗」這番說詞表達這種「人工」狀態，不覺得真是匪夷所思嗎？

美麗一詞也會用來形容人的樣貌。所謂「美麗的人」是什麼意思呢？是指服裝儀容打理得合宜整潔，化妝也很得體，或是整形手術成功，呈現人工美的狀態？也許是吧，這是個值得探究的問題。

再仔細思考一下，便多少會領悟出來——動物，或者說生命，其實是處於非均質的狀態。也就是說，生命在宇宙這般的平均狀態中，保持著一種堪稱奇蹟的絕妙平衡，就某種意思來說，也算是打理過的東西。所以，這算是一種神蹟嗎？（我說說而已，別當真。）

然而，生命總有一天會停止活動，也就是死亡，沒有不會死的生命。就連在夜空閃耀的星辰，總有一天也會黯淡無光；太陽也有燃燒殆盡的時刻，只是在那之前，地球會先滅亡。因為星球原本就是一種非均質的存在。

因此，我認為人類之所以崇尚整理、整頓，或許是因為這麼做能感受到所謂的生命吧。

這無關好壞問題。人類的健康可說是一種經過整理、整頓的狀態，一旦散亂，就會失去活力，直至生命結束。而死了之後，身體便會失序、逐漸腐朽，最終塵歸塵、土歸土，呈現均質狀態。

所以，趁自己還使得出氣力時，藉由收拾房間、整理物品，喚醒好好活下去的「精神、氣勢」，這就是整理、整頓的功用。

整理、整頓只有精神面的振奮效果

「咦？這屬於精神面嗎？」或許不少人有此疑問。沒錯，整理、整頓就是精神面的行為。好比人類若滅絕，世界上只有機器人與電腦，整理、整頓便毫無意義。收拾乾淨也好、放任散亂也罷，機械都有一定的判斷基準，當然也不會忘了丟東西。

基本上，只要採行電腦管理，應該就能維持最適宜的工作環境，避免凌亂不堪。至於那會是什麼樣的工作環境，因為我是人類，所以也無法想像；說不定最能提升工作效率的配置，其實和人類整理、整頓後的狀況大相逕庭。

說到底，整理、整頓就只是促使人類湧現活力、產生幹勁的東西。

即便如此，還是有很多人抱著無謂的期待，誤以為整理、整頓具有提升效率、催生靈感、增進工作能力的效果。我認為這類行為本來就沒有什麼物理上、科學面的作用，怎麼說呢？因為活力與幹勁純粹是人類的幻想。

一個人工作的地方都會亂到不行

比方說，不需要為了力求整潔，一邊收拾、一邊工作。不少職場、工廠會針對維持環境整潔而獎勵員工，是因為這個工作場所有許多人輪流使用，而非一個人單獨使用，若是不好好整理、整頓這樣的公共空間，就會變得混亂失序，影響工作效率。

但就我所知，一個人工作的環境大多很亂。大學教授、副教授都有專屬研究室，而且通常都是桌上堆滿文件資料、疊著厚重書本的雜亂景象。

藝術家的畫室或工坊也好不到哪兒去，總是亂到不行，但精彩的傑作往往是在這麼一處修羅場中催生出來。漫畫家的工作室、小說家的書房也一樣。

如果是一個人工作，什麼東西放在哪裡，本人大抵都有個譜。之所以不一一收拾好，是因為馬上要用；堆疊著資料也是因為自己很明白，疊在越上頭的資料越新，而且隨時用得到。就是有這樣的「意識」，才會允許環境凌亂。

換言之，這種狀態對自己而言是「有效率」的。因為根本沒空整理，隨著工作接踵而來，作業的環境也越來越凌亂。反正就算凌亂，工作還是能順利進行，這樣就可以了。

整理帶來自由的解放感

有些人想喘口氣、或是工作告一段落時，往往會一邊嘀咕著：「這麼亂不行啦！」一邊開始收拾、清理。其實這麼做根本稱不上整理、整頓，只是盡量讓環境恢復原始的狀態，將東西放回本來的位置，因為若不這麼做，就沒有著手進行下一件工作的空間。與其說這是整理、整頓，不如說是「解決」沒有空間可以工作的問題。

恐怕絕大部分的人都認為整理、收拾是件「麻煩事」，像是「大掃除」需要和他人分工合作，或是因為「輪到自己了」，迫於無奈而做。但不可否認，整理完之後確實心情很好，覺得清爽暢快，像是做了件很不錯的事。

大部分的工作都有一個「做到這裡就結束」的既定目標，譬如上司會指示做到什麼程度，或必須在某段時間內完成，照著做不但能拿到工資，還會獲得誇讚，完成時自然有成就感。

整理、整頓時，或許也會產生這種成就感吧。一般工作不是有既定目標，就是由上司確認沒問題後即告完成；整理、整頓雖然沒有這樣的達成目標與合格基準可循，但在作業的過程中大概都會自行判斷，思考今天要做到這裡，或是至少得做到這個程度才行。

像這樣因為有成就感而心情愉悅，促使自己養成整理、整頓的習慣，是一種以知性與理由構築而成的學習，所以不曉得「成就」為何物的幼兒和狗，當然無法理解。

換句話說，這是從被支配、束縛的狀態中「解放」出來，因而得到成就感。正因為處於不自由的狀態，一旦自由了就覺得颯爽無比，反過來說，這也是身處在不自由之中，才會學習到的東西。

秩序是維持社會運作的必需品

其實這與將散亂的狀態視為「髒污」，覺得整理過的狀態「潔淨、美麗」有關。這樣的感受並非人類與生俱來，狗和幼兒也不會這麼覺得，因為它不是自然的價值觀。

對於過著社會生活的人類而言，秩序是必需品，也是屬於支配一方的主觀想法。明確規範應該怎麼做，讓大眾有所依從，以權力進行支配，支配者認為散亂是一種危險狀況，井然有序才能確保安泰，並以此教導大眾。謹守秩序是為了讓人人共享資源，一起順利完成某件事，以維持社會秩序。

秩序的必要性在戰時尤其突顯。就算握有成千上萬的軍力，士兵們若是各自行動，便無法集結力量。因此，絕對服從作戰計畫、聽命行事的軍隊成了支配者不可或缺的「力量」，秩序就是為此而生。

秩序也是安定社會的要素，倘若每個人都能恣意而為，勢必紛爭不斷。想要集結力量、得到大眾信賴，就必須建立井然有序的社會，這是身為領導者的使命，至少人類社會是如此。

父母會要求孩子整理、收拾自己的房間，但應該沒有孩子反過來要求父母：「房間很亂，請收拾一下。」所以「整理、收拾」一般是上對下的指示，要求對方怎麼做。

追根究柢來看，「覺得很亂」、「收拾一下比較好」之類的感想與意見，所反映的是一種「上位者的觀點」，而且有其理由。因此「秩序」本來就是發想自「上位者的視角」。

教授會把研究室收拾好的時機

我看到藝術家的工作室很凌亂、研究人員的書桌周邊幾乎被書本淹沒的光景，就會覺得這是一處「自由的職場」而輕鬆起來，可以想見他們不受任何人支配，照著自己的步調工作。

譬如，一般人如果碰上電視節目要拍攝自己工作的地方，都會覺得還是收拾一下比較好；但我認為有這種心態，是因為受到了社會規範的支配、制約與束縛。

我在國立大學任教二十七年，從助教一步步成為擁有研究室的教授，研究室裡除了我以外沒有其他人，舉凡清掃、整理、收拾等雜事，都是由我自行判斷、處理，學校聘雇的清潔人員只負責打掃外面的走廊。我擔任助教時，因為是和學生、研究生共用一處空間，掃除工作由我指派大家執行；後來升上副教授，研究室只有我一人使用，所以打掃、整理都是想到了就自己做，不會有人對我碎唸什麼「再打掃得乾淨一點」。只有學生來研究室做小組討論時，我才會留心清掃一下。

研究生使用的研究生室才是亂得可怕，相較之下，教授、副教授和助教的研究室要整潔多了。一般來說，教授的房間收拾得最乾淨，接著是副教授，為什麼呢？因為地位越高，訪客越多，若被別人發現自己是在髒亂不堪的環境中工作，不難想像有多丟臉。

此外，工學院教授的研究室通常收拾得比較乾淨，文學院教授的研究室會更凌亂，這也是因為工學院教授的訪客比較多，而且進行的常是共同研究計畫。

由此可見，整理房間是對外的事，和人之所以要打扮是一樣的道理。工學院教授通常都是西裝加領帶的穿著，大多數的文學院教授則不打領帶，恐怕也是基於相同的理由。這無關好壞問題，純粹是看工作需不需要和他人頻繁接觸。

產值越高，工作環境越亂？

另一方面，至少在研究人員身上，看不出有什麼「整理乾淨後，工作更順利」的感覺。就我的認知而言，不少研究室凌亂無比的人，工作成果反而更可觀。其實我也不明白為何如此，或許就是鎮日埋首研究，所以根本無暇收拾吧。

此外，個性認真、思路清晰之人的房間，不一定整理得很乾淨。相反地，也有人即使把房間收拾得井然有序，卻不擅整理思路，表達能力也不是很好。這倒也不是所謂的反差大，畢竟房間凌亂不堪和思路條理分明，這兩者幾乎毫無關連。

那麼，環境凌亂與工作又有什麼關係呢？我有那種堪稱專業達人的朋友，還有點子不斷、創作能量充沛的朋友，他們的工作室經常是亂到極點，東西多到令人匪夷所思，不得不佩服他們居然能在這種地方催生出那麼棒的作品。

相對地，也有很多人把工作室打理得美觀清潔，這種人喜歡整頓工作環境，所以會發想、設計一些提升效率的工具、技巧等，卻不見得會把這股幹勁用來創造作品。足見工作場所越是凌亂的人，反而更能專心創作出好東西。

這個道理也適用於路邊的小工廠。那種一年到頭都忙著製造產品的工廠，環境通常都很雜亂，地上滿是油污，和乾淨完全沾不上邊。相反地，地上不會堆放雜物、打掃得乾淨整潔的工廠，像是接不到什麼訂單，似乎很清閒的樣子。搞不好就是很閒，才有心力清掃環境。

真能確定這東西不需要了嗎？

其實，倒也不是說不要整理收拾比較好。

我的書房和工作室也是非常凌亂，雖然我拍了照放在書上，但恐怕沒人相信情況真有這麼慘吧，慘到連立足之處都沒有。光看照片無法體會，搞不好有人還覺得我是「為了拍照，故意弄得亂七八糟」。

所以，我也會不時告訴自己「該整理了」，但就是找不出空檔。要是有多餘的時間，我會用來嘗試新事物、做些新東西。畢竟整理收拾這件事，無法催生新意，頂多只能依照自己所想的整理乾淨，沒有其他想像的空間，這就是整理的無趣之處。

不過，囤積垃圾和環境凌亂是不同層次的問題，垃圾還是盡快處理掉，囤積可不是好事，而且越囤積只會越糟糕。不過，如何分辨這東西是不是無用的垃圾，這問題就有點……不，應該是個大問題。

環境整潔的職場是一個能確實區分什麼是必需品、什麼是無用垃圾的地方，換句話說，就是一個能反覆執行既定作業流程的地方。好比銀行、固定生產一種商品的工廠等，就是必須保持整潔的場所，因為什麼是必需品、用到什麼程度就可以丟棄等，都有既定的規範，所以整理起來很容易。

反觀創作藝術品的工作室、或從事尖端研究的研究室等，往往無法明確區分什麼是派得上用場的東西、什麼是可以丟棄的垃圾，在蒐集必需品的同時，雜亂也隨之而來。加上沒有明確目的，都是邊做邊修改、臨機應變，東西也就越積越多，作業始終處於現在進行式。

也就是說，現場有著無數暫時保留的東西，要是工作沒什麼進展，也就無從判斷這東西是否真的不需要了。

從整理房間開始，整理自己

由此可知，從事創造性的工作，的確很難整理工作環境；相反地，可以打理乾淨的環境，做的往往都不是創造性的工作。

例行性工作是最容易被電子化、機械化取代的工作形式，亦即不需要人為操作也照樣能進行。搞不好發展到最後，世上也不需要人類這種生物了。

工作環境凌亂的人，最常拿這個當藉口（我就是），即便如此，內心對於凌亂一事還是有點在意，多少意識到必須整理才行。

或許當這意識超過某個限度時，就會果斷整理吧。尤其要是從以往經驗中體會過整理收拾會莫名地提振心情，這種感覺便很難忘記，應該說想忘也忘不了。

任教大學時，常會有學生找我傾訴煩惱、商量事情，而且總是有那種不想念大學、經常蹺課，課業跟不上結果留級的學生。

雖然他們的情況都能歸咎於「不積極學習」，但試著聽聽他們怎麼解釋，就會發現有些人是因為忙著打工、參加社團活動，不然就是為情所苦、煩惱畢業後的出路等，牽涉到的各種因素錯綜複雜。為人師表的我自然得極力勸說他們以課業為重，但對方畢竟是成年人，要是用對待小學生、國中生的方式輔導他們，勢必會招致反效果。總之，要是一味勸說他們「來學校上課吧！」根本就談不下去。

幾年下來，我察覺到一件事，那就是傾聽他們說話很重要。不必回應什麼，也不必提供意見，更無需表達個人感想，只要默默地聽，然後點頭回應：「是喔，原來如此啊！」就行了。接著再提出完全無關的話題，好比對方喜歡看電影，就問問他有沒有推薦的片子。

就像這樣，先建立起可以聊天的關係，然後有時我只會給一個建議。我問他們：「你的房間很亂嗎？」大部分的學生都會回答很亂，我就要求他們先從打掃房間做起，還請他們出示成果給我看，學生才會認真打掃。

而這個建議的效果確實很不錯。起初可能沒什麼感覺，但不少學生事後都會說：「那時把房間整理乾淨，真是太好了。」

做什麼都行，試著做就對了

所以，我很明白「要不要先從整理自己的房間做起？」這個建議的確很有效。其實，我也會這麼告訴自己。尤其覺得提不起勁時，無論是房間也好、書桌也罷，只要試著從自己能做到的範圍著手整理，這麼一來，也能重整心緒。

網路上常會擷取森博嗣說的話，譬如：「所謂不曉得做什麼比較好的狀態，就是做什麼都好，總之做就對了的狀態。」這的確是我將近十年前在某篇散文中寫下的句子，我想這和建議別人「要不要試著整理一下？」的意味頗為相近。

人難免都有心煩意亂、難以專注、意志消沉、思緒翻攪的時候。明知要做的事堆積如山，但就是提不起勁。

這時做什麼都行，做做手邊的事也無妨，試著做些自己能做的事就對了。當你開始行動的同時，周遭也會跟著改變；環境一改變，視角也會移動。只要做些什麼，就會有所改變。往往因為做了一件事，就會知道接下來還能做什麼；一旦上手後，說不定就能萌生幹勁。

沒必要硬是轉換心情

時下有不少年輕人只要覺得「不想做」、「不喜歡」，就提不起勁做任何事。我覺得這樣的人其實很想轉換心情，也很想知道怎麼改變這種「提不起勁」的感受。我也常被詢問：「要怎麼做，才能讓自己提起幹勁、變得積極呢？」

這種想法其實不太對，既然「不喜歡」，那就忠於自己的心情吧。畢竟硬要把「討厭」轉換成「想要」，可不是容易的事，與其勉強自己，不如懷著「不喜歡」的心情動手去做，那要簡單多了。千萬別覺得這樣很難，我認為無論工作或讀書，大部分的人都不是出於想做而做，只有極少數的人會展現「樂在其中」的模樣，這就是造成誤解的根源。雖然不喜歡，但因為知道怎麼做最省事、有利，所以選擇以忍耐換得利益，促使自己繼續做下去。

世人十分看重「動機」一詞，認為凡事都要有「動機」才能鞭策自己。而工作的動機是為了獲取薪水、報酬，讀書的動機則是要為有利的前途鋪路，也就是放眼未來的目標和利益，再估量現在必須付出多少？是否值得這麼做？

整理不一定適用於每個人

整理、整頓也一樣，雖然是既麻煩又不有趣的事，但只要做，心情就會稍微好轉，所以這純粹是看你願不願意用時間與勞力交換好心情的問題。至於整理、整頓可以提升工作效率的說法，很抱歉，我不贊同；但不可否認，確實也有人因此萌生幹勁，工作起來格外得心應手。因為這不是物理性條件，而是精神性條件使然，所以選擇對自己最有效的方式就行了。

世人認為有效的方法，不見得適用於自己，就算再怎麼佳評如潮，只要對你沒用就毫無意義，我們應該清楚認知到這一點。至於什麼方法才適合自己，唯有親身一試，別無他途。

就某種意思來說，時下年輕人的弱點就是「不知道什麼方法適合自己」，就算有人教導、看書學習，還是無法具體化「自己的方法」。畢竟這是必須花時間反覆嘗試、犯錯，從中學習而構築、形成的東西。

當然，隨著年紀漸長，會越來越確定什麼方法最適合自己，但「為時已晚」的風險相對也大，因此最好還是從年輕時就積極探索，對周遭的建議有所存疑。畢竟每個人的條件都不一樣，別人的方法只能做為參考，要藉此再發想出適合自己的方法。

我寫這本書的用意也在於此。所以時時想像著有不少人大概都會批評：「這本書看了也沒什麼用吧。」秉持這樣的心態很重要。

要及早發現適合自己的方法，訣竅就是盡量多方參考別人的意見與事例，而且必須摒除個人好惡。要是覺得對方很討厭，而不想聽他的意見，無疑是自己的一大損失。相反地，也不能因為欣賞對方，想得到對方的誇讚而完全接受他的建議，這一點務必銘記於心。

別「丟」掉了「可能性」

再次統整一下本章的主題吧。隨時意識到為何必須整理、整頓，是很重要的事，也就是要捫心自問，整理、整頓的目的是什麼？

對於「整理、整頓可以提升工作效率」這種公認的理由是否存疑，還是要看這方法對自己有沒有效果。總之，整理、整頓可是耗時又費力的事，況且可能還有經濟方面的支出（花錢買書櫃、打造收納空間等），應該好好估算、多方比較，才能評價是否有效。

就連丟東西也是要花時間判斷、耗費力氣丟棄，拿去賣掉的話，多少會有進帳，但肯定賣不了幾個錢。另一方面，也可能因此失去很重要的東西，亦即稱為「可能性」的抽象之物。對擅長運用可能性的人來說，這絕對是莫大的損失；對無法善盡其用的人來說，則千萬要注意別把自己也給丟了。

話雖如此，整理、整頓的精神面效果有時也會助益良多。尤其年輕時，常會陷入看不見前路的瓶頸，也就是充滿閉塞感，總覺得什麼事都做不好，周遭充斥著不利自己的事物，不明白那些非做不可的事有何意義，懷疑做這些事真有意義嗎？甚至有種受騙上當的感覺。

我想，任誰都會陷入這樣的低潮，此時試著整理房間，格外有助於平復心緒、理清思路，有好些例子都證明確實如此。

其實，當你思索為什麼會變成這樣的同時，或許早已具備解決問題的能力，然後再藉由整理東西的過程，讓心情逐漸沉穩，喚醒冷靜的觀察力，便能找回原來的自己，並且告訴自己：「總之，就先試試看吧。」

整理、整頓就如同運動一般

每當競爭失利、比賽輸了而心情低落時，最常聽到的安慰之詞就是「轉換心情」。人們會像發號施令般勸告對方「別再自怨自艾了」，但我不認為這是一種建議。怎麼說呢？因為我不明白轉換心情這動作有何具體意義。

我認為這句話應該解釋成：「心情什麼的無所謂啦，趕快想想接下來的對策才重要。」所謂「接下來的對策」，是指「總之現在能做的事」，至少不是光坐著想這件事。換言之，就是建議對方先處理眼前的事，從某個角度來說，這和「要不要試著整理房間」的意義很相近。

整理、整頓迫使身體疲累，但至少讓腦子暫時休息。雖然靜止不動也會消耗體力，動起來才能用掉多餘熱量，況且適度運動應該要比蒙頭大睡來得健康多了。不少人熱中運動，好比散步、慢跑，或是會出汗的激烈運動等，這些都常被視為可以舒緩緊張、釋放壓力的「放鬆」行為。既然如此，只要將整理、整頓和清掃都視為運動就行了。這麼一想，就覺得多少值得一做，不是嗎？

不過，因為我從不認為運動對身體好，也就無法產生這種感受，總覺得靜靜閱讀要來得更有益健康。當然，這種事因人而異，也許真有人能藉由整理、整頓讓自己放鬆，所以我只是提議大家或許可以一試。

整理的天才與不整理的凡人

在本章的最後，我想提及一件事。

這世上就是有那種非常會打理周遭的人，他們平日就勤於整理、收拾，絕不會置身於雜亂狀態。好比打開一個人的書桌抽屜，便能窺知此人的整理習性。

我的書桌抽屜可說是三不管地帶，塞著各種東西，基本上只要能塞的就塞，說到底就是這麼回事。找不到東西時，我就只好翻遍每個抽屜。其實我的抽屜裡大概塞了三成說是垃圾也不為過的東西，還有一些連我自己都搞不清楚「這是什麼啊？」的東西，原本只是想暫時保留收著，結果就變成這樣了。

我的書桌上也總是堆滿各種雜物，像是信件、收據、筆和筆記本、便利貼、膠帶等……簡直就是雜物大觀園，加上手邊要處理的工作，反正就是不停地堆疊。而這麼做的唯一好處，大概就是知道疊在最上面的是新工作吧。

我任教大學時，同一個研究室的教授是個整理狂魔，就是那種桌上不會擺置任何東西，抽屜裡收納得一清二楚的人，連什麼資料放在書架的第幾層都記得，活脫脫就是行走的電腦。

這位教授的掃除功夫也是一流，他會用各種清潔用品打掃房間，還說自己年輕時會用泡過的茶葉清理租屋處的榻榻米。要是現在有大學生這麼做，應該會被列入國寶級人物吧。

總之，就是有人對這方面如此苛求，但說人家是整理狂魔似乎不妥，應該稱他是整理、整頓的天才吧。相較之下，我就是完全不整理的凡人等級。不過，我的研究助理比我還亂，讓我多少有著比上不足、比下有餘的虛榮感。

所以，我完全不想議論別人不整理收拾這件事。雖然我老寫些唱反調、顛覆常理的東西，但其實還是個講求中庸之道的人。當然，不見得有人認同。

接下來，我們再試著深入思考一下所謂的整理、整頓術吧。

Chapter II

「工作」超整理

我不喜歡那種太乾淨的地方，反而比較喜歡雜亂些，
活像「翻倒的玩具箱」一般的空間，想被自己喜歡的雜物圍繞，
這樣的地方反而能讓心情平靜。

工作環境攸關效率與安全

無論是整理、整頓或清掃，都是希望藉此擁有一個良好的環境。以執行作業的場所來說，整理、整頓過的環境是攸關作業效率與安全的一大要素，勞動法律對此也有明文規定。不喜歡凌亂的環境，是一般人共有的認知。

如果是自己的房間，要怎麼處置端視個人自由；倘若做為工作場所，雇主則必須負起管理之責，確保工作者的安全與健康，近年來這方面的規範可說是越來越嚴格。

近來，「勞動方法改革」成了熱門議題，主要是保障勞工享有充裕的私人時間，不受雇主剝削；至於讓勞工享有舒適的工作環境，即可說是體現整理、整頓的精神。

東西散亂到連走路都會碰撞的地方，絕對無法讓人安心、安全地工作。基本上，不安全就等同於危險。

我以前在大學的研究室是個大實驗室，因為那裡是研究、測試建築構造力學的場所，用來測試的對象體積很大，空間當然也很大。不過因為雜物太多，除了留有可供通行的走道外，地板上都堆滿了要測試的東西和施力裝置，根本是雜亂到一不小心就會東碰西撞的程度。

後來大學法人化時，上頭指示我們必須改善這樣的作業環境，著實讓我傷透腦筋。畢竟實驗室的雜亂景況是在我任教之前就如此，放置在那裡的物品大多是前任或前前任主事者留下來的，所以根本無法判斷能否丟棄（最後決定全都扔了）。

被喜歡的東西淹沒

話說，我的書房只要是跟地面平行的地方，全都堆滿了東西，唯一例外的是天花板。

我沒開玩笑，東西就是這樣越積越多。為什麼會增加呢？因為不斷有新事物要著手，有很多好玩又想做的事。充滿活力的地方勢必會不斷增加東西，根本不可能自然遞減。

人只要活著，身邊就會不斷增加物品。譬如，喜歡閱讀的人每天看書，書就會越積越多。我這個人沒那麼書癡，看完了就會處理掉；但真正喜歡書的人會想著「再看一次」、「也許還會再看」，所以不輕易扔書。

書放在桌上，可以堆疊得很高，也很容易堆疊整齊。無奈我最喜歡的模型就沒辦法堆疊得很整齊，所以我一個接一個做，成品越來越多，也就「不斷展店」堆放得到處都是，再多空間也不夠。

每次想要著手什麼新工作時，我就得先收拾出一處空間，也就是從打造一個場所開始。

房間雜亂和工作效率是兩碼子事

我的書房地板堆放著拙作，每次出新書，出版社就會送來十本樣書。儘管我一向讀完書就扔了，但再怎麼樣也不可能扔掉自己寫的書，況且還是新書，就這樣賣給二手書店也不太好，只好堆放在地板上。

順道一提，我從沒翻閱過自己寫的書，也不曾餽贈親朋好友，更沒主動拿給家人看過。說起來還真不可思議，是吧？雖然家人曾來我的書房，說想看我寫的某本書，但那時我根本不曉得書塞到哪裡去了，要找也很困難。我說我會設法找到，無奈半年過去，還是沒找著。

迄今為止，我一共出版了三百本以上的書。初版一般是送作者十本樣書，每次再刷時送兩本，所以光是初版樣書，我家就囤積了超過三千本。

一旦堆放在書房地板上，不消幾年，能夠使用的地板面積便減少了百分之二十八，只好用紙箱裝起來，搬到地下室倉庫，至今也累積了為數不少的紙箱。如果一箱能塞一百本，少說有三十箱，加上再刷樣書，數量應該更多，我想起碼超過五十箱吧，而且這些紙箱從未打開過。

雖然是如此雜亂的書房，卻絲毫不影響我的寫作。只要電腦不出問題，就不會影響工作效率，所以房間雜亂與工作效率根本是兩碼子事。

找不到是因為忘了，跟雜亂無關

我不喜歡那種太乾淨的地方，反而比較喜歡雜亂些，活像「翻倒的玩具箱」一般的空間，想被自己喜歡的雜物圍繞，這樣的地方反而能讓心情平靜。

我的工作室十分凌亂。照理說，常常找不到要用的材料和工具等東西，應該多少會影響工作執行度和效率，所以有時我也會心想，要是整理一下，就不會浪費這種時間了吧？

或許這樣真的可以避免浪費時間，但就算整理、收拾了，找不到的東西還是找不到，因為我會想不起來到底收在哪裡。所謂找不到的東西，就是隱約記得「好像在哪裡看過」而尋找，所以找到的機率只有一半，無關乎什麼收拾整齊時就找得到，亂七八糟時就找不到的說法，只是找尋的時間有一點點差別罷了。

整理過的地方取用東西很方便，這一點的確很有效率，只是又得花些時間物歸原位，所以就短期來說，暫時擱著反而比較有效率。畢竟，耗費在整理上的時間也不能白花，既然凡事講求效率，要不要賺回整理的時間就是個微妙問題，不是嗎？

焦慮會有多糟糕？

讓人平復心緒、不再焦慮，的確是整理、整頓的一大效果。所以想甩開焦慮的人，不妨花些時間整理、整頓；至於能與焦慮和平共處的人，倒不見得要這麼做。我是那種就算焦慮，也不會討厭這種心情的人，最近甚至覺得觀察焦慮的自己也頗有趣。

應該有人不認同我的看法，反而會覺得，既然雜亂讓人焦慮，為什麼不乾脆整理乾淨呢？這麼說或許沒錯，但我的看法也不無道理。

問題在於：焦慮會讓你陷入多糟糕的狀態？好比一焦慮起來，就無法專注、頻頻出錯、腦子打結、工作效率明顯變差等，這時整理、整頓便能發揮作用。反之，也有人即便焦慮，照樣不會影響工作進度，我就是這種人。雖然我會焦慮，但不會出錯，也不會延誤工作，更不會明確感覺到焦慮迫使身心疲累不堪，頂多只是自言自語：「啊，有點焦慮呢！」

相較之下，有些人覺得面對工作時，還是適合把神經繃緊一點。畢竟，焦慮的對照組就是放鬆、寬鬆，一味用這種心態處理工作，也不是很恰當吧。

自由度越高，人就越焦慮

之所以覺得焦慮，是因為有著必須突破的目標，卻一直做不好，或遇到其他難題。因此，如果有明確地被指示「要這麼做」的工作，比較不會讓人焦慮。反觀要是工作必須自己思考、規劃才能進行，有時會事與願違，或是出現突如其來的問題，也有可能別人沒按照你的指示去做，只要牽扯到外人，往往就會引發焦慮。

由此可知，當你從事用腦的工作，或者是指示別人怎麼做的一方，會比較容易焦慮；也可以說，焦慮的狀態較常在創作時發生。除非你能專注於這項工作，完全不理會外在影響，才比較不會焦慮。

經過整理、收拾的環境，並非是為了不引發焦慮所打造，而是要讓人專注於某項作業。就像面對上頭指派的工作，只有「服從」這個不需要判斷的條件，這也算是一個能夠專心工作，卻毫無自由可言的環境。

自由度越高，人越容易焦慮，因為會想東想西、心猿意馬，無法專注於一件事。

人類還需要專注力嗎？

自古以來，專心一志都被視為「好事」，專注力能夠造就成功，這是社會普遍的認知。相反地，「心思飄忽」則是一大阻礙。

我在另一本書中寫過這個主題，在此就不詳述了。人們所追求的這種「專注力」，說穿了就是「像機械般工作」，所以我覺得稱為「機械力」頗為適合。在沒有機械的時代，人們只有動手做、靠雙眼觀測，以求做出迅速、正確的判斷。時至今日，這些工作早被偵測器、電腦取代，所有需要專注的工作都已經由機械代勞。

那麼，人類還要追求什麼樣的能力呢？

那就是發現新問題、發想前所未見的點子和創意。因為這不是用「計算」方式解決的問題，所以電腦做不來。機械能做的就是確認事先決定好的要項，調查是否產生和過去一樣的不妥之處，做些既定的處理。

人類則可以想像未來，想像今後可能會發生什麼問題、哪些負面的狀況，此時又該如何處理，判斷要導入什麼新手法，以避免陷入這種局面。而要發現問題或發想點子，需要的不是專心一志地思考，而是要留意觀察周遭的一切，從毫不相干的事物中汲取靈感，進行所謂的「聯想」。「聯想」是從意外之處「想到什麼」的行為，而且是有別於專注力的優勢作法，但很難用言語表達，或許可以稱之為「分散力」或「聯想力」吧。

焦慮是再自然不過的事

再回頭說說焦慮吧。之所以焦慮，是因為人的腦子本來就會關注各種事物、不斷聯想，思緒翻攪混雜才引發了這樣的反應，不是嗎？因為強迫自己違背人性地全神貫注，於是形成了壓力，亦即明明想思考其他事情，卻不得不專注於眼前事物而焦慮不已。

這可以說是壓抑腦子原本機能的一種行為。好比馬兒本來想在草原上自由奔跑，我的狗兒們也是，牠們不想筆直地往前跑，而是想四處亂跑。但人們騎馬時，馬只能拚命向前跑，賽馬時還會讓馬戴上眼罩控制視野，不讓牠們受周遭影響，才能一個勁兒往前衝刺得勝。問題是，這並非馬的本能，所以牠們可能跑得很焦慮。

就某種意思來說，焦慮並非一味都是壞事，而是相當自然的反應。只要這麼想，應該就不會那麼焦慮了吧。

前面說過，整理、整頓達成的是精神層面的效果，也就是跟心情、感受有關。相較於過度髒污有害身體健康，也會影響心情；需要整理、整頓的只是雜亂問題，並未造成實質損害。

只是，環境雜亂不但很難清掃，也容易藏污納垢；更重要的是，必須留意雜亂的東西究竟是哪一種，倘若是廚餘之類的東西散置，勢必會影響環境衛生。

分類是整理的一大要點

「收拾」可以分為整理整頓和清潔掃除；前者是管理東西擺放的位置，後者是清除不要的東西。在此我先不討論後者，因為這關乎個人的需求，或只要在容許範圍內實行即可。

分類是整理的一大要點，哪些物品屬於同一類，就得靠自己來「分類」了。「分類」的依據可以是物品名稱，也可以是用途、時間，或者大小、顏色、價格等各種性質。

舉例來說，我之所以突然覺得自己的工作室應該整理、整頓，是因為螺絲的關係。我工作或修理東西時，經常會用到螺絲，螺絲依照直徑、長度、螺距、螺絲帽的形狀、材質等條件而有所區別，光是我常用的螺絲就有好多種，不難想像這東西的數量有多麼可觀。每一種螺絲都有它的用途，為了方便找到適用的螺絲，就必須分類收納。

這麼做還有另一個好處——要用到某種規格的螺絲時，也能一起確認同款螺絲的庫存量，才不會錯失補足備品的時機。

按照使用頻率整理是基本原則

我的整理原則是——使用頻率高的材料和工具放在伸手可及的地方；使用頻率低的放得遠一點，但還是盡量以不必東翻西找為基準。話雖如此，收納空間畢竟有限，材料和工具還是不斷增加。

根據我的經驗，幾乎不太使用的東西最難收納。譬如有些東西好幾年才會用上一次，但需要的時候少了它也不行，又沒有其他替代品，萬一找不到就只好重買。如果是便宜貨還好，就怕是花錢的東西。

東西只要一多起來，就會忘了什麼收在哪裡，畢竟人類的記憶力有限。但逐一記錄、列成清單又很麻煩，到頭來搞不好連清單也弄丟了。

想像起自己東翻西找的模樣，就會覺得該花點心思做好收納。用紙箱收納雖然可以堆疊，讓狹小地方多些收納量，卻看不見裡頭裝些什麼，所以不妨使用透明箱子，貼上寫有內容物名稱的標籤等，在各處花點工夫這麼做。

分類收納時，必須清楚什麼東西的數量有多少，所以至少要知道此時在進行什麼工程、使用什麼材料，這對生手來說，可是一大門檻。其實收納這件事也是熟能生巧，越做越有心得，只是可能會一直重複同樣的作業程序。不過作業程序也會隨著時代推進，就像個人的興趣、嗜好會改變，某種整理法也不見得永遠適用。

看著雜物發想點子，真令人開心

雖然無關整理，但我有很多「庫存」，也就是「備品」。

工作室裡庫存最多的就是前面提到的螺絲。不過最近只要上網訂購螺絲，隔天就能收到，所以我也在思考真的需要備品嗎？

我的工作方式不是先畫好設計圖，再據此來製作，而是看著手邊的東西，發想各種點子，然後活用現有的東西來製作，所以我的工作室裡堆滿了數量可觀的雜物。看著這些雜物，我真的很開心，思索著什麼東西能用、可以做出什麼成果，這些發想成了工作的起點。

習慣先畫設計圖，做好縝密計畫再行製作的人，只要買必須用到的東西就行了，不太需要在家裡囤積大量材料。我若是這種類型的人，應該也能做到斷捨離吧。一般工廠都是採取這種作業方式，通常工業製品也是以此機制製造生產。

然而，催生全新的事物時，必須經過多次測試，不可能一開始就畫好設計圖，只能簡單設計，先做個試作品，失敗了再重畫設計圖，如此反覆作業，這個階段就是所謂的「研發」。

整理是有趣的事嗎？

打理整潔的環境確實讓人心神愉悅，在這樣的地方工作想必也很順利。我偶爾也會收拾一下工作室，每次整理完，空間就會寬敞些，可以輕鬆愉快地工作，有益心靈健康。

即便如此，每當我自問：「真的有必要整理嗎？」還是不置可否。也許只有心情會變好而已吧。一直以來我大都是在雜亂的環境中，獲得愉快體驗、擁有美好回憶，完成滿意的作品，所以總覺得打理整潔的環境未必能造就我想要的結果。

說到這一點，讓我想起了一件事。我才三十四歲時，曾經教剛滿八歲的兒子組裝模型。他想做模型，卻不曉得如何自己動手，所以我想應該從基本開始教他。

首先，拿出袋子裡的零件，拆下一個零件時，就要將其他零件塞回袋子裡，然後按照說明書一步步組裝，不要弄亂。要是不這麼做，零件很容易遺失，這是組裝模型的基本功。

那時兒子乖乖聽我說明後，便開始自己動手做，我則回到書桌前繼續工作，就是一般家庭常見的親子互動。

但我突然想到了一件事。我是個超級急性子，所以都是一口氣把零件全拆下來，也沒有逐一塞回袋子，經常在翻找不見的零件。因為我是在亂到不行的地方做模型，零件八成混在雜物堆裡，時常搞出這種烏龍事。

所以，身為大人的我為了不讓兒子苦嚐失敗，才會給予這樣的建議。但是想想，這麼教導真的好嗎？如此一板一眼的作法，有趣嗎？

不要強迫別人接受你的作法

我常常就這樣埋首其中、忘情做著，也經歷過好些失敗，但做的時候真的好快樂，所以就算一把年紀了，還是繼續工作。我很想告訴兒子，最重要的並不是整理收拾，避免搞丟零件。

我很後悔當時那樣教導兒子，也做了深切反省，因為給予年輕孩子那樣的建議，只怕會削減他們動手做的樂趣。當然，必須指導他們如何避免受傷、注意通風狀態等遠離危險的方法，但是像周遭稍微雜亂之類的狀況根本無傷大雅，應該讓他們更自由、更享受地樂在其中。

有了這次經驗，後來我便不再重蹈覆轍，就算他們的房間再怎麼凌亂，我也不會叨唸。我在大學裡也是如此，從來不數落學生、研究生或後輩的研究室有多亂，反正他們想清掃的時候就會清掃。

我這麼寫只是表述自己的看法，並非否定整理、整頓的行為。應該說正好相反，我認同這行為就和清掃一樣有其意義。以打造整潔環境為目標所做的行為，本身就相當療癒，令人沉穩平靜。只是我認為，還是別對這項結果寄予太多期待，因為整潔的環境無法確保一定會催生出什麼美好事物。同樣地，工作也不可能因此就有什麼創新突破。

第一次發動引擎的回憶

再聊一件往事吧，那是我小學時的回憶。

我第一次購買的模型是引擎模型，而且是自己花零用錢買的便宜二手貨；買的時候，店家還教我怎麼組裝，可能想說我是小學生、又是初學者，擔心會有什麼危險吧。

於是，我從星期日一早就開始窩在家裡的車庫組裝模型。我按照店家教的步驟，先用煤油擦拭再組裝，然後用木箱固定組裝完成的引擎，裝上螺旋槳，試著轉轉看。

無奈螺旋槳沒有絲毫動靜，引擎也發動不了，不曉得到底哪裡出錯了。我花了好幾個小時摸索，雙手自然被折騰得很痛，只好不時休息一下再繼續嘗試。我確認燃料沒有問題，再檢查接頭，轉轉看螺旋槳；因為店家有特別叮囑啟動引擎時，要小心別被螺旋槳割到手，所以我戴上厚手套，做好防護措施。

因為時值冬天，外頭很冷，我拉下車庫的鐵捲門，獨自在裡頭默默組裝。不知不覺間，工具散得一地都是，沾滿油污的廢品也胡亂棄置。因為車庫裡還停放著一輛車，剩餘空間不大，我只能窩在靠牆的狹窄空間裡不斷試驗。

就這樣弄到快傍晚，我開始想著要不要放棄算了。既然是便宜的二手貨，也許是哪裡壞了螺旋槳才會轉不動，我的擔憂越來越膨脹……就在我不斷測試各種條件時，螺旋槳好像有了什麼動靜。

接著，引擎突然運轉一下又停了。開心到不行的我於是再試一次，過了一會兒，引擎又開始運轉，這次我調整了燃料的濃度。只見引擎運轉得更快，不斷發出轟鳴聲響，我就這樣看著引擎運轉了一分鐘，雖然早已滿身大汗，卻覺得好開心，好想讓別人也看看這成果。

猛一回神，我察覺到車庫的鐵捲門微開著，母親探頭進來。看來我發動引擎時，母親也在場，只見她對我說：「鐵捲門要打開。」

我感到不解，鐵捲門一開，噪音不就會吵到鄰居，對鄰居造成困擾嗎？

不過，我馬上就明白母親這麼說的理由了。

因為車庫裡充斥著濃霧般的廢氣，我趕緊打開鐵捲門，同時關掉引擎。

就算拉下鐵捲門，引擎聲還是大到遠處都聽得見吧，母親就是因為聽到才過來的。

我和朋友只是稍微吵鬧，母親就會斥責我們要安靜一點，還會不時叨唸我要收拾凌亂的房間，她是個一板一眼、潔癖到堪稱整理狂魔的人。然而，那時母親並未要求我：「太吵了，別做了。」而是擔心廢氣瀰漫車庫有損健康，要我「打開鐵捲門」讓空氣流通。

直到現在，我還能感受到母親的溫暖視線。看到孩子這麼熱中一件事，她並沒有潑冷水，只是提醒我要注意安全，別讓自己身陷險境。

最該整理的是內在的情緒

當你斥責自己的孩子：「趕快收拾好！」「不要弄髒，給我打掃乾淨！」哪怕一瞬間也好，不妨想想難道沒有比這更重要的事嗎？

我認為更應該整理、整頓的，其實是你自己當下的情緒，不是嗎？比起房間，精神層面的清爽美好要更加宜人。

情緒往往說來就來，很難剎車；一旦被踩到地雷，就會不禁怒喝：「煩死了！」尤其在忙亂時，或是正為了其他事而焦慮不安，更難控制自己的情緒。

所以，我們應該隨時整理、整頓心情，想想什麼對自己而言最重要？是否被無謂的問題困住了？這樣才不至於忘了真正重要的事，也能避免為小事沮喪、氣惱。

首先要整理、整頓的不是你的外在，而是內在，也就是從你的內心開始整理最有效。

平常就別忘了時時檢視自己的內心是否散亂無章……

Chapter III

「思考」超整理

比起整理、整頓腦子，動腦顯然更有助益。
只要一直動腦，就算腦子的運轉次數隨著年齡降低，也不至於停止運作。
換言之，就是不要急著決定自己的立場，
而是經常評估周遭條件、採取軟性思考，
以便時時做出新的判斷。

整理好的腦子是什麼模樣？

總之我想說的是：比起整理、整頓周遭物品，更應該先整理、整頓自己的腦子，不是嗎？

通常腦袋靈光的人，給人的感覺就是凡事會在腦子裡好好整理一番。問題是，明明看不到腦子在整理的模樣，為什麼會給人這種感覺？

我想，首要因素就是快速汲取情報，亦即面對提問能夠確切回應、說明各種相關資訊，而且解釋得有條有理，彷彿非常習慣從腦中引用各種情報。這種人讓人聯想到圖書館的書架，清楚分類、依序排放，所以馬上能找到需要的資料。

好比益智節目中的「猜謎王」，不管什麼問題都能秒答，居然連那麼冷門的知識都記得？

還記得那麼清楚？不只記憶力驚人，汲取資料的速度也快到令人咋舌。

因為我完全缺乏這種能力，所以沒有自信能在腦中做好整理。應該說，我實在無法想像要怎麼做，才能牢牢記住許多事。

我對要背記的學科完全沒轍

上國中時，我完全放棄需要「背記」的學科。尤其是得背記一大堆專有名詞的科目，我自覺這顆腦袋無法應付，所以乾脆跳過。畢竟以依稀記得的程度應考，根本答不出來，這類學科就是要正確地記住一字一句，完美重現才行。小時候我也想過，要是記不起來就抄寫筆記，需要時再看一下就行了，因為勉強記憶的結果就是頭好痛，很不舒服。

每個時代的考試制度不太一樣，我報考大學時，還沒有所謂的統測（編註：類似台灣的聯考，現在則改為指考），都是各大學獨立舉辦入學考試。理工學院比較偏重數學與物理的分數，所以只要這兩科拿高分，英文、國文、社會考差了也沒關係。

討厭背記的我本來就很不喜歡讀書，只有在解數學題時，才會感受到學習樂趣。所以我判斷自己念理工學系就對了，於是完全放棄「需要背記的科目」，徹底告別文科。

那時我的感覺是，不要記些無謂的東西，腦子才不會堵塞，也就是說，多思考才能讓腦子保持良好狀態，不是嗎？我擔心讀越多國語、社會，數學和物理就越學不來。

或許沒有這種事吧，但我始終覺得背記很麻煩，而且背記太多「腦子只會一團亂」。這種「腦子一團亂」的狀態，就像非記不可的情報在腦中凌亂散布，呈現出無法收拾的窘境；而且明明沒人看得到這種景象，卻是任誰都能理解這般形容，對吧？

計算與發想都需要動腦

相較於此，數學和物理這類學科幾乎沒什麼非得背記的東西。或許你會說，如果不背公式就無法解題，但有不少題目是就算忘了公式，只要當場思考、推敲便能解題。

也就是說，只要知道大原則，再加以「應用」就能夠解題，腦子也不會「一團亂」。這是為什麼呢？

計算時也要用腦。雖然有時只用到數字但不必計算，也有時是用變數展開公式，這些情況不是「應用」而是「適用」，但碰到了比較困難的題目還是得發想一下，無法只靠計算這方法解題。計算幾乎是和時間呈正比而進展的行為，發想則是在還沒想出來之前，只能一直思考的行為，只要還沒想出來，就連一步也無法前進。

至於提取「記憶」，則純粹是「想起來」罷了。沒記的事當然想不起來，記得的事只要沒忘就會想起；當然也有那種應該記住的事，卻怎麼也想不起來的情形。任誰都有明明記得完成某件事，卻想不起來到底做到什麼地步的類似經驗，所以不少人會試著在腦中整理一番。

「計算」不是記憶，而是一種頭腦運動，不妨想像成慢跑，是任誰都能不斷進行的簡單動作。倘若進行到一半，發現計算錯誤，等同於處理這項單純作業時，出了一點差池。這種感覺就像有時走路，有時跑步，有時又不小心絆倒。

「發想」不同於記憶，也有別於計算，但一樣是在運作腦子。而且「發想」大概也分成各種類型，好比是從記憶中提取出來的？還是計算到一半迸出來的？其實有不少情況很難確定。

基本上，從記憶發想出來的東西較為明確，只是不見得像計算有條理可循，可能會比較跳躍、片段，或是從完全不同的方向聯想而來。

有如雲朵般的記憶和理解

所謂的發想，是將收藏於腦中的東西不按照圖書館的整齊排序，就逕自展開聯想的行為，可以讓不同領域的事物彼此連結，並且呈現相同的傾向。換言之，正因為是抽象化事物，才能發現不少像這樣隱隱約約的關連性。

我記不住專有名詞，以「織田信長」這個人名為例，我不是直接把它當成資料來記憶，而是以長相、個性、印象、言行等和此人相關的資料來記憶，所以是有如雲朵般的籠統印象。

但我「認得」這朵雲。我就是以這樣的方法記憶、理解事物，然後將變成雲朵般的新資料輸入腦中，想像它像煙一樣，不斷裊裊上升。

我常常記不得人物的名字，卻記得這個人的長相，說得出來他做過什麼事、個性如何等。

其實就算想不起名字，只要在網路上輸入幾個關鍵字，就能查到正確名稱（讀音、假名、漢字等標示得一清二楚），所以現今這個時代就算記不住專有名詞，也完全沒有問題。

我覺得像這樣將事物視為雲朵般的腦子，比較容易出現前所未有的發想。至於以事物名稱來記憶的人，則是有時會突然聯想到出乎意料的關連性，並且進行深入的理解。

以言語記憶的方式已經落伍

原子是指電子圍繞在原子核周邊的狀態，而不是稱為原子的小球體。原子沒有大小、內外之分，只是電子受原子核吸引、影響，而圍繞著原子核做旋轉運動。

不過，近幾年的研究發現，原子是由更小的粒子組成。大家應該聽過量子力學的「測不準原理」(uncertainty principle) 吧，不少人認為這原理的意思就是「任何事物都無法確定」，這雖然不算離譜的誤解，但正確來說或許是「任何事即便深入研究，也很難到達構成其核心的根本」。要是用來描述不曉得工作能否依照預定進度完成，就是一種延伸解釋。

也就是說，無論是物體、還是事實與現象，基本上都無法用言語表達。其實就算用言語表達自以為知道的事，往往也只是一知半解。無奈考試是靠言語得分，所以還是必須「記憶」大量言語，因為現今是個以考試論斷「聰不聰明」的時代。

記憶大量言語的讀書方法，活脫脫就像在腦中進行整理、整頓。明確區分各種領域、選擇要記的東西，高效率的記憶方式是在考試中脫穎而出的要訣。

然而，今後的時代並非如此——對於記憶的存取，電腦和AI可是遠勝於人類。

之所以要用「考試」測驗出記憶的有無和汲取這些資料的正確度，是因為負責處理這種工作的人才備受重視。或許整理過的「腦子」獲得禮遇一事，也是整理、整頓的重要性廣為世人認同的原因之一。畢竟將這種腦子活用於工作的人有機會出人頭地，不斷提升社會地位，生活勢必也會變得富裕。

然而，未來將是不需要這種「腦子」的時代，而且現在已然進入了這樣的轉換期。

發想才是現今人類的工作

幾十年前的教育相當重視正確計算的能力，所以我小時候那個年代，流行讓孩子學珠算，大家會去珠算教室補習，學校也有珠算課。但後來計算機就出現了，記得在我上小學時，計算機一台要價十萬日圓，而且又大又重，接著逐步改良成手掌大小，價格也越來越便宜。那為何還要辛苦學習珠算呢？可能是大家都在學，就一窩蜂跟著潮流走吧。

順道一提，我上幼稚園時也曾去珠算教室體驗過，老師教我們怎麼打算盤，再練習加總老師唸出來的數字，大概去試學了三天吧。結果我只是將老師說的數字在腦中計算，然後在算盤上撥出來，記得我還認為自己的心算很快，所以告訴父母我不用上珠算教室。

計算力一流的人，以往被視為聰明人；記憶力一流的人，更是容易出人頭地。無奈這兩項能力都已被機械取代，成了今後人類不需要的能力。

時至今日，人類能做的就是用腦子發想的工作，腦子已經不再只是從事整理、整頓那麼簡單了。

不過，也不能說計算這門功夫一無是處。因為計算是基本的頭腦運作，就某種意思來說，對訓練、活絡腦子非常有用。就像慢跑、健走有益身體健康，我認為適度動腦非常重要，因此訓練孩子計算能力的教育，今後還是會持續下去。

此外，記憶一事也並非毫無意義。發想所需的材料有不少是來自記憶，畢竟腦袋空空，根本發想不出什麼。有些發想來自相關事物，也有些出於聯想，所以具備知識是基本條件。但不一定非得是正確知識，應該說多樣化的知識會更好。有如雲朵般朦朧、模糊的記憶，反而更適合用來發想。

只進不出的腦子會很快老化

記憶是一種「學習」的行為，將資料送進腦中，也就是輸入。計算與發想則不是學習，兩者都是輸出。

輸入就像吃東西，是一種幫腦子補充營養的行為，所以樂於學習的人就像酷愛美食者，一旦養成習慣，學習就不再是苦差事，而會樂在其中。小時候的我一點也不覺得上學有趣，但後來上了年紀，又變得想要學習。

學習好比補充營養，所以學習得越多，腦子塞的東西也越多，要是不適度藉由計算與發想輸出，腦子很容易變胖。腦子一旦胖了就會變得遲鈍，於是越來越懶得動腦，不難想像這種腦子應該很快就會老化。

知識的「現存性」VS.教養的「可能性」

接下來，我想談談「知識」與「教養」的差異。

知識就像錢，是一種「現有、現存」的東西，好比現在錢包裡有多少錢？能馬上掏出多少金額？考試要測驗的就是這樣的「知識」。

反觀所謂的「教養」則好比「資產」，無法帶著走，也不可能立刻展現，卻會影響這個人選擇採取什麼樣的行動，類似於這個人的「可能性」和「能力」。有資產的人有時會抱著「好像很有趣，試試看吧」的心態，做些無產階級沒想到的事。

就算知識豐富，也不見得會成為增進自我的能力，必須不斷累積，才能更廣泛、有效地運用。而且在累積、運用的過程中，不但會更清楚如何實行，也有助於洞悉未來。藉此培育出來的就是教養，只是在接受義務教育的階段，教養並不被認為是需要學習的東西。

重要的是，擁有這般教養所具備的優勢。讓情報不只是完美收納的「知識」，還能從過往的體驗中預想有關連性的未來，才是「教養」的真本事。這難度可是比根據電腦統計資料進行模擬更高，亦即所謂的「先見之明」。人類能做到這一點，多要歸功於平日觀察而來的發想。

教養的培育也不需要累積經驗。好比有個前所未見的領域，因為沒人接觸過，所以也缺乏經驗豐富的老手；但即便在這樣的領域，還是可以展現洞察先機的才能，也許是從完全不同的事物聯想，或出自某個不可思議的想法，而且應該是些非常細微的東西。我認為不會錯失這些事物，是不受既有資料與常識支配之人與生俱來的能力。

發想在放鬆時才會迸發

該如何培養發想力？什麼樣的環境最適合發想？

總之，應該和整理、整頓房間無關吧。因為房間整潔與否，並不影響發想，搞不好堆滿東西的雜亂環境，還更能激發靈感。像我那亂成一團的工作室，在這方面的效率就很高。

另一方面，由於發想需要一處可以放鬆的環境，也有人認為整理、整頓環境很重要。許多發想都是在毫不緊張、十分放鬆的狀態下才容易萌生，所以離開被時間追著跑的工作，悠閒喝杯咖啡時最適合。不少ＩＴ企業都會在公司裡設置一處休憩區，就是因為認同這樣的效果。

這是我身為研究人員時的經驗——重大的發想往往不是在忙碌時迸出，而是當工作告一段落，腦子進行切換時萌生的。我通常是在搭飛機、列車時，會突然冒出一些想法，而且多半是在前往參加學會或國際會議的途中。畢竟在這之前非常忙碌，直到忙完搭乘交通工具移動時，緊張才得以舒緩。雖然放鬆是一大要點，但有時候為了放鬆，就得歷經一段緊張時間；至於發呆、早上賴床的狀況又是過度放鬆了，必須懂得適度拿捏。

這世上沒有毫無用處的東西

其實「發想」一事，還需要毫不相干的資料。倘若只了解必要的資料，或許能成為某個領域的專家，卻無法催生出新穎想法。

這年頭凡事都能上網搜尋，輕而易舉獲得各種知識、解決問題，不少人都很享受這樣的便利。以往為了解決問題，因為不曉得哪裡才有自己需要的情報，所以必須汲取各種情報，還得遍覽相關書籍。當然，在搜尋過程中勢必會接觸諸多情報，但如果不是需要的東西，也無法立刻發揮效果，只能期待有一天派上用場。由此可知，以往汲取到的多是像雲朵般籠統的知識，但這些知識終將化為教養，成為催生新穎發想的土壤。

「只留下有用的東西」、「沒用的東西趕緊扔了吧」，將這樣的行為合理化，就是時下所流行的斷捨離。

但教養的目的，是想培育出我們這樣的精神認知——「這世上沒有毫無用處的東西」，無論是什麼樣的知識、什麼樣的道理都要汲取，什麼樣的意見都要傾聽。無須判斷是否有用，只要以自己的方式大致掌握；也不必考量何時會派上用場，就算忘了也沒關係，只要在某個機會下回想起來「嗯，我好像看過類似的東西」，這樣便很值得了，之後再調查就行。

有不少情況都是只憑模糊的印象，勉強想起幾乎快遺忘的事物，最後卻成就了重大創意，或終究得以開花結果，不是嗎？所以一時忘了沒關係，哪天需要派上用場時，自然就會想起。

判斷只是暫時的妥協

離開校園、步入社會後，就沒有學校考試這回事，很多時候就算我們沒有馬上吐出答案，還是能在社會上生存。我倒認為不立即回答的態度很重要，可以的話，最好凡事都保留一點，將判斷的事往後挪，沒必要立斷是非黑白。

當然也有些時候，不立刻做出判斷會很傷腦筋，只好想著：「沒辦法，就這樣吧。」進而做出決定。這句「沒辦法」是因為現在無暇好好思考，又必須做出決定，只好趕快處理的妥協之詞。也就是說，做出判斷時的答案並非絕對，我覺得理解這一點很重要。

即便自己已經決定這麼做，也要抱持半信半疑的態度，以便日後判斷這作法不對時，隨時都能更正。只要坦然承認「那時的判斷錯誤」，聽取別人的意見就行了，如此坦率才是「真正有教養」，充分展現一個人的器度，不是嗎？同樣地，雖然必須為自己說過的話負責，但絕非頑固到不容顛覆，而是要時時保持柔軟應對的態度。

或許有不少人認為未經整理的腦子，怎麼可能果斷做出決定，其實這是出自於想要盡快確定自己的立場為何，以便早點擺脫眼前問題的欲望。

一旦決定立場，腦袋就空空如也

我們的頭腦為了思考，需要消耗很多能量，所以會希望自己盡量別鑽牛角尖，讓腦子太疲累。正因為有此本能，所以我們會迅速判斷、早點確立立場，這就是急於判斷的原因。換句話說，就是逃避思考。

無奈事情往往沒那麼單純，難免都會出錯，所以我們會失敗、後悔。我們常聽到「不要恐懼失敗」這句話，也常聽到「一旦做出判斷，只有毅然實行」這樣的建議，但這些說法在判斷階段無疑是危險的指示，殊不知如此樂觀將會招致多大的不幸。

所謂「整理腦子裡的想法」，並非是指在面對各種問題時，要決定自己採取哪一個立場，但應該不少人都有這樣的誤解吧。

這句話的意思其實正好相反——無論面對什麼問題，先別決定自己的立場為何，而是要採取保留態度，為此腦子裡的想法自然要有條有理。

為什麼這麼說呢？

因為一旦決定立場，就會認為站在自己這邊的才是夥伴，與自己意見相左的就是敵人，所以不必傾聽另一方的想法，選擇無視就對了。因為深信自己絕對正確，也就沒必要繼續討論，久而久之便不再汲取新知，腦袋變得空空如也，有如收拾過的房間般，空無一物、整潔空曠。但這樣真的好嗎？這是堪用的腦子嗎？

不決定立場的軟性思考

另一方面，不決定立場又是什麼樣的態度？

想保留問題不予以處理，就必須原封不動地保存許多資料。雖然凡事非黑即白的論斷是出於人性（本能），但要戒掉這種習慣，就得時時存疑。

一旦採取這樣的態度，平常就會以「現在的情形是五五波」或是「雖然八成贊同，但也有兩成反對」的觀點來判斷情勢，再因應入手的新資料、環境的變化、自我價值觀的調整等因素，不斷修正自己的判斷。

即便判斷「百分之百是這樣沒錯」，也絕不會就此妄加定論、畫下句點，畢竟還是有可能翻盤逆轉。能採取這樣的立場看待事物，就是身為人的奧妙之處。

當然，不管是議題表決還是選舉，迫於時間限制，經常必須盡快做出決定。但我認為，還是要清楚認知這只是當下的判斷，並非自己的最終結論。

人在年輕時，大多抱持這般態度，畢竟經驗不足、很難判斷，總覺得自己有許多事還不明白，內心惴惴不安，所以習慣聽取周遭意見、拓展見識，期許自己有個美好將來，試圖掌握各種可能性。這種感覺就像打電玩時，突然出現神祕的裝備，雖然不曉得何時會派上用場，還是積極地蒐集任何東西。不可否認，年輕的腦子有著容量很大的收納空間，所以軟性思考最好從年輕時開始養成。

無奈隨著年歲漸增，柔軟性與積極性也逐漸流失，最冠冕堂皇的理由莫過於自己將來的可能性越來越小，總覺得事到如今，人生不會有什麼改變了。若有這樣的想法，也就少了勇於嘗試的動力，只想掌握能夠即刻發揮作用的事物，甚至墮落到就算知道會立刻見效，也懶得汲取新知的狀態。

像這樣因為老化而變得頑固的現象，就有如腦子裡的各種東西開始融化、糊成一團，這可不是光靠整理、整頓腦子就能改善的程度，也很像長年沒有使用，機油早已凝固、根本很難運轉的機械。

接觸新事物，自然會開始動腦

也就是說，比起整理、整頓腦子，動腦顯然更有助益。只要一直動腦，就算腦子的運轉次數隨著年齡降低，也不至於停止運作。從這個意義上來說，就是時時判斷，不要急著決定自己的立場，而是經常評估周遭條件、持續動腦，以便隨時做出新的判斷。

那麼，要動腦思考什麼比較好呢？

我認為會這麼想的人，腦子應該已經硬梆梆了。

腦子是隨時都在運作的東西，例如孩子做什麼事都會動腦思考，但隨著年紀增長，便逐漸會無意識地行動。這就是所謂的自動化，也可說是合理化，即使不動腦思考也能完成行為。

以走路為例，這是極為日常的行為，應該有不少人會邊想事情邊走路，但不會有人一邊走路，一邊還想著接下來要踏出哪一腳。往右拐時，腳要怎麼踏出去，完全是無意識的動作，換句話說，一旦習慣某種行為，便完全不必動腦。

相反地，若是碰到不熟悉的事物，好比開始接觸某種新事物，就會自然而然開始動腦。當然，嘗試什麼領域的事物都行，但最好選擇自己不擅長的領域，就有更多動腦的機會。

學習一事也是，雖然暫時會動腦，但馬上就熟悉了。大家應該都有上課打瞌睡的經驗吧，這就是腦子想停止運作的訊號，換句話說，輸入的東西要是缺乏新意，就會變成這樣。

動腦的同時，就是在鍛鍊腦子

「我對任何事物都很感興趣。」這句話說來簡單，其實很難做到，因為興趣並非能靠自我意志催生出來，所以平常就要好好觀察，自己究竟對什麼事物感興趣。當你找到自己真正在意的事物，就會湧起興趣、付出關注，腦子也會開始運作。

一旦開始著手新事物，或許就會想要整理、整頓周遭的環境，這是我在觀察許多人之後，所發現的一種傾向。「我嘗試了一件從沒做過的事，你要不要過來看看？」當我接到朋友的邀約，過去一探究竟時，看見他們家簡直煥然一新，這般例子可說是屢見不鮮。

開始著手新事物時，不只腦子，會連周遭的環境都想改變，這果然驗證了人類有著將思考具體化的欲求，不是嗎？

由於人類本來就有此習性，所以藉由整理房間，或許真能讓身心也跟著煥然一新。至於我的話，怎麼說呢？因為我是凡事先動腦的人，也就沒那麼在乎現實世界的環境……

最後，容我再說一句。

到底該如何鍛鍊腦子？

方法只有一個，那就是動腦。

動腦的同時，就是在鍛鍊，這就是鍛鍊腦子的技巧。

Chapter IV

「人際」超整理

光是在我活著的這段期間，人際關係便起了各種變化……

新的人際關係有時硬被灌輸陳腐的價值觀，常發生「網路霸凌」等偏差現象，

人類究竟是從何時開始，如此在意周遭氣氛？

藉由網路，可以觀察到這個問題的很多面向。

最該斷捨離的是人際關係

前面談了一些關於整理物品、整理思考的事。這一章，我想談談人際關係的整理、整頓。

什麼是人際關係？

當然，人際關係有各種等級。譬如，除了自己以外的他人與自己的關係，首先是父母、手足等直系親屬，其次是情人與伴侶，再來是家族中的親戚。有工作的話，會因為工作上的連結而接觸許多人，就連玩樂，也會自然找到同好。這些關係都會隨著個人的成長而轉變，過往的關係也會以某種形式持續著，好比偶爾打電話、寫張賀年卡之類。

當然，關係也有變得疏離的時候，有時結束一段關係，往往是另一段關係的開始。此外，

「他人」也可能是因為工作而暫時聯繫的人，或是住在大都市裡幾乎天天會遇到，和你一起等車、走向車站的人。

如同前言所述，為了「終活」而思考「斷捨離」的人，應該先整理自己的人際關係。乾脆地斬斷人際關係，和誰都沒來往的話，喪禮就不必發訃文，應該說連喪禮都不必辦了。所謂的斷捨離就是這麼回事，不是嗎？

人脈是一種「資產」嗎？／

就如同堆滿屋子的物品一樣，人際關係是要清理的東西嗎？

我認為這種事取決於當事人的覺悟。

說到底，人際關係就像裝不進自己肚子裡的知識。只要結識許多人，交流範圍就會擴大，困難時能求助的機會也越多。人們總說這樣的人脈是「資產」，但我認為這種價值觀很怪，有工於心計的感覺，把朋友比做資產的說法，本身就相當扭曲。其實，資產什麼的根本不重要，只要和對方碰面就很開心、共享相處的歡樂時光，才是人際關係的基本；不以困難時能否得到對方援助的「得失利弊」來衡量友誼的人，才是高尚之人。

至少，我是這麼對待別人，也本著這樣的想法在整理人際關係。基本上，我與人結交無關利弊，只問開心與否，這是從我這邊看到的「價值」，亦即有沒有會面的價值、交往的價值、結識的價值。當然，對方看待我時，或許也會發現某種價值，這就是問題所在。你與對方的價值觀若是相同，這樣的人際關係自然會持續，也就是普遍認知的「良好關係」。

這份關係一旦變成單向通行，就會變得不太穩定，即使一方覺得有價值，另一方卻不這麼認為。要是狀況不算失衡就還好，一旦有人感受到壓力，關係就會生變。通常這時很容易陷入以金錢維持對價的險況，務必要多加注意。

雖然從某一方的立場來看，這是以金錢交易維持的人際關係，但反過來看，將它視為單純的工作關係，也未嘗不可。事實上，人類社會普遍存在著這種交換形式，只要不將這樣的人際關係誤解成朋友、夥伴之類的情誼，就沒有問題。但怎麼說呢？這種誤會卻很容易發生，也因此惹出不少麻煩事。

融入群體成了生存要件

對年輕人而言，人際關係可說是非常棘手的課題。首先，大多數人一出生就是家族的一份子，除了父母之外，免不了要和鄰居、親戚等這些與雙親往來的人們認識、接觸，這些都是非出於自我意願而構築的人際關係，還要理所當然似地接受——或許該說是被迫接受更為恰當。此外，幼稚園與小學的團體生活也會與人互動，這樣的人際關係也是無法依照個人意願與偏好取決，毫無選擇的餘地。

但隨著年紀增長，我們逐漸能依循自我意志來打造人際關係。其實也稱不上是「意志」，或許只能說是一種演變過程，畢竟還是有些關係無法拒絕，即便想拒絕，也有不容許這麼做的時候，那就稱不上是良好關係。

縱使我們長大成人、步入社會，人際關係這方面還是跟在校園裡一樣，無法自由選擇。不過相較於學校或大學，我們對於自我生活的選擇，還是保有基本的拒絕權。好比要是真的不喜歡這份工作，隨時可以辭職，也能遷居任何地方，這就是成人擁有的拒絕權，當然前提是要有足夠的經濟能力。總之，成熟的大人明白為了求生存，面對人際關係多少需要學會妥協，也懂得逐漸構築工作以外的人際關係，像是朋友、戀人等。

為了在社會上生存，必須保持良好的人際關係，懂得察言觀色、融入群體。要是不這麼做，就會被孤立、敵視，因為絕大多數人都有著非友即敵的本能感受。

社會新鮮人的職場煩惱

學習與他人相處、協調的本能應該是來自遺傳基因，也是人類開始過著團體生活後所培育出來的。直到如今，在社會上求生存的技巧仍被視為規範與常識，還要學會讀空氣。

現在的環境不同於以往，雖然在法律的制約下，尊重人權、認同個人自由成了基本共識，但為了不被群體孤立，人們還是無法擺脫人際關係的束縛，並為此煩惱不已。

我常常從不少大學畢業後成為職場新鮮人的年輕人口中，聽聞他們抱怨工作有多辛苦。為何會找在大學教過他們的老師商談這種事呢？其實他們也只是向我諮詢過求職問題，或是曾請我指導畢業論文，但因為沒有其他適合的人選可以請益，又不方便和家人、朋友商談，也無法向上司、同事啟齒，便找上了我。這是時下不少年輕人共有的煩惱。

雖然每個人都是從工作好辛苦、好忙碌開始抱怨，但往往最後都會說出和上司處不好之類的煩惱，足見問題往往都是根源於職場的人際關係。在大學這個環境中，老師不是上司，而是站在諮商、指導的立場，所以就算學生失敗，也幾乎不會斥責，至少我從未責罵過學生。

但公司可就不是這麼回事，一旦犯錯就會挨罵，在社會上這是理所當然。無奈這年頭的年輕人不習慣被責備，認為這是自我人格遭受攻擊，形同被否定了生存價值。

所以，眉頭深鎖的學生來找我諮商這種事時，我只會傾聽，不會給任何建議。讓他們自己思考、決定，是我的基本立場。不過，我倒是會告訴他們，所謂的工作，就是不喜歡的話可以隨時辭掉，因此不必鑽牛角尖，也不必勉強自己。

現在想想，這樣的基本概念不就是整理、整頓人際關係嗎？也許當時我只是不想因為自己的一席話而傷害到對方，但直到現在，我還是認為這樣的想法沒有錯——整理人際關係一事，端看當事人如何認知而定。

辭職是可恥的事嗎？

一般人踏入社會就職，並非是基於個人與公司之間有借貸關係，或是要報答恩情等因素，純粹是為這間公司工作以換取應得的報酬，每天進行這樣的交換行為。

只要自己的付出和所得取得平衡，就能繼續從事這份工作。如果感覺獲得的比較多，表示你身處於幸福狀態，只是哪天可能得償還這份幸福也說不定。但只要沒簽約，隨時都能辭職，非常自由。

只是辭掉了工作就沒有收入，這是唯一的缺點，除此之外也不會失去什麼。然而，不少年輕人卻認為，辭去工作會讓自己在周遭人們的眼中變得一無是處，因此感到羞恥。

的確，畢竟當初可是風光入社，收到各方滿滿的祝福，應該會覺得自己被寄予厚望，也因此會自責沒有好好發揮本領。

近來，倒是可以感覺到日本社會中的這種風氣較為淡化了。在以往，光是「辭職」就會被懷疑是不是人格有缺陷，其他像是「留級」、「離婚」等，也會讓旁人有強烈的負面觀感。

說到底，這些稱為「面子」的評價要素，或許是人際關係最顯著的一環。換句話說，就是意識到周遭人們對自己的評價，而各自加以解讀。好比「羞恥」的感覺就是關乎面子問題，之所以會覺得羞恥，是因為「面子掛不住」。

人際關係也隨著時代有所整理

在以往日本才有的「村落社會」中，面子具有絕對的價值。深受周遭人們的信賴，可說是個人的身分表徵；反觀那種不受信賴的人，就成了不折不扣的「邊緣人」，很難在地方上生活下去。而現代社會中的「讀空氣」文化，便是承襲自這種風氣。

即便到了現在，只要去一趟鄉下，就會發現這股風氣似乎還殘留著，讓人時有所聞。好比你是務農維生，因為大家共用一條灌溉用水渠，一旦被邊緣化，就會痛苦到日子快過不下去。相較之下，都市則幾乎不見這樣的陳習了。

生活在都市中，可能連左鄰右舍都不相往來，可以說不少人就是為了逃離村落社會而來到這裡。都市的居民不但各過各的，還能主張個人權利，就算不跟人往來，也能活得好好的。即使不開口，超商也不會拒賣東西給你；而且只要工作就有錢賺，要怎麼用錢也隨個人自由。

由此可見，人際關係也會隨著時代變遷而有所整理、整頓。在以往，不僅家庭裡會有棘手的人際關係，出外還要面對村落的約束力。此外，歷代祖先累積的複雜因果牽連，也會對我們的一生賦予相當的影響。換言之，村落社會的人際關係是一種交相錯綜又四散分布的狀態。

現今的社會則是藉由法治力量，將所有事物制度化，以便整理、整頓人際關係。例如，從遺產的繼承與分配，甚至到親族關係都受法理支配，法律的約束力凌駕於村落的不成文慣例，萬一遭受不公平的對待，還能訴諸法律，得到來自社會的保護。

「義理」與「人情」的柵欄

照理說在現今這個時代，個人並沒有必要整理、整頓人際關係，反正一切有法可循，但要落實到這般程度可沒那麼容易。

一言以蔽之，就是「義理」這玩意兒還存在著，它雖然不是法律制訂的產物，卻一向大大支配著日本人的人際關係。

「義理」一詞在字典中的解釋是：「身為人應該遵循的正道。」意思或許與「道德」頗為相近；此外，「義理與人情」也經常合併使用，所以「義理」是個很難解釋的字眼。

好比過往受到某人的照顧，而認為對於對方有義理之責，代表這是一種必須回報恩情的關係。換句話說，受之於人必要返還，這就是做人的道理囉？只是這份契約並沒有牽涉到具體的金錢借貸關係（雖然實質的借貸關係或許也包含在內）。

因此，離開家鄉來到都市，可說是藉此切斷與故鄉的義理關係。「我又沒受到來自鄉親的照顧。」當事人或許會這麼想，但別人搞不好會端出祖宗八代的情誼恩義來說嘴。而我把這種關係寫成很難理解的概念，會不會有點像是拐著彎罵人的揶揄之詞呢？

隨著社會的現代化、都市化，人際關係於是受到整理、整頓，似乎也是好事一樁。有許多關係在予以制度化、法律化的同時，相關的基本常識也隨之改變，許多在以往我們認為理所當然的事，如今則成了不合理的現象。

然而，個人的價值觀或許很難因應如此急遽的變化，所以就算社會已越見進步，人們還是會不自覺地湧起鄉愁，莫名憧憬那股溫暖的人情味。

「想與人連結」的欲望依舊存在

近來網際網路發達，不少人都成了3C上癮者，好不容易逃出古老的牢籠、來到都市的人們，又不知不覺陷進網路社會這個「村落」。「無論身在何處，隨時可以聯絡」這項優點，使得有如柵欄與羈絆的這種人際關係，再度復活。

人們往往受到假消息、八卦的影響，恣意地抨擊他人，簡直酷似古老社會中東家長西家短的碎嘴嚼舌根。這種應該在近代社會被摒除的事物，為何會死灰復燃呢？

這當然是因為人們依舊存在著「想與人連結」的欲望。因為都市化的關係，與群體疏離的不安感在個人內心竄升，並藉由網際網路再次燃起。

遠古時代的人們就已經有群體意識，並藉此抵抗敵對勢力、防禦野生動物的襲擊，這是生存的必要條件。

相較於個人活動時，靠的是自己的體力與智慧，一旦進入群體生活，如何與周遭的人們協調合作則更為重要。我行我素、任性而為的傢伙只有被排擠的份，一旦遭到排擠便難以生存。這樣的經驗長久傳承下來，懂得與群體協調的人越來越多，學會察顏觀色於是成了現世生存的必備能力。

不過，近代個人主義興起、人權意識高漲，社會上逐漸形成了就算自己任性而為，只要不困擾他人，就能被容許的局面。之所以會實現這樣的成果，是因為沒有發生什麼必須集結龐大力量的事態，換句話說，封建的權力機構已然式微，而掀起這場變革的時代背景，就是以機械取代人力的工業革命。

於是，謳歌個人自由的時代到來，並且反映在思想、時尚等生活方式上，社會型態的改變也連帶使小家庭興起，都市人口走向密集化。

都市是整理、整頓的具體表現

都市化就像這樣，將分散各處的人們收納到一處叫做「都市」的空間。我認為「都市」這個裝置本來就是一種展現人們腦中的理想、排除自然的機制，所以都市中沒有自然。自然是不確定的，帶有招致災害的危險因子，因此人們選擇徹底遠離自然，打造一處全是人工之物的活動場所，於是創造了都市。

藉由集中、密集而獲得高效率，這和所謂的「積體電路」（簡稱ＩＣ）是一樣的原理，亦即大幅縮短各種電子元件的活動距離以提升效率，構造也隨之多重化，從平面轉換成立體。

讓內心的預想原原本本地具體成形，人的大腦會很開心。所謂的「如我所想」，即是「自由」之意，社會就是為了實現這個結果而運作。

只要看看住宅，便能明瞭這個道理。以往的村落所在都是依山傍水，因為水是人們的生活必需品。隨著人口增加，大河川的河口附近逐漸發展出市街，人們利用河川與海洋搬運做為能量來源的木材等物資；河口的平原則適合農耕，可以生產大量的農作物。

近百年來科技持續發展，不但可以將水送至遠處，還能靠電線傳輸能源。人口一旦密集，便能活化經濟，住宅不但鑿山闢建，更進化成高樓大廈。這樣的發展，可說是體現了將同一種類型的東西收納在同一處地方，也就是整理、整頓的基本原理。

個人居住在市郊住宅區，工作場所在市中心，並且靠鐵路連結兩處，這樣的設計造就出許多人生活的都市。

「design」以日文來說是「設計」的意思，都市是一種為了提升效率的設計，讓此處可以高密度容納眾多人口。都市的設計就是在各個階層將整理、整頓的方針具體化，進而建立起井然有序的現代社會。

人際關係也是社會化設計

人際關係也是一種社會化設計。為了提升社會的運作效率，個人的人際關係型態有了大致規範，成為所謂的禮儀常識，要是不懂這些，就會被批評為「白目的傢伙」。

經濟剛起飛的幾十年前，企業最重視的是提升獲益，於是利用了「犧牲小我，完成大我」這般人類自古以來的本能，以追求集體的勝利。日本甚至流行起「企業戰士」一詞，這沒什麼不好的意思，也並非揶揄的說法，只是帶有鼓舞意味的謳歌之詞。相信不少人都還記得當年有句廣告詞：「你能奮戰二十四小時嗎？」發想吸睛的廣告文案以強化商品形象，也是近期才興起的趨勢。

然而，明明要打造的是尊重個人的社會，這下盡享好處的卻只有企業而已，不是嗎？近來社會開始出現這般批判聲浪，成了公眾注目的議題，於是杜絕職場騷擾行為、制訂改善職場環境的規章，越來越受到重視與推廣。

或許有人因為辛勤工作而積攢財富，也有人憑藉機運扶搖直上；但更多人是被一點一滴地剝削、榨取，更加突顯貧富差距的問題。綜觀來說，靠著稅制與社會福利等制度改善這樣的問題就是一種均質化，和力求非均質化的整理、整頓精神可說是完全相反，所以要是過於急切想改變一切，只怕人們一時會很難適應。

從集中走向分散的網路社會

都市化不久之後，網路社會即迅速拓展，促使許多人能夠在瞬間產生連結。這樣的變化想必帶來不小的衝擊，讓人驚覺這世界上存在的人們，遠遠比自己周遭的人們還要多。

網際網路的結構原本就不是集中型，不像人類打造出來的東西幾乎都像樹木一樣，有枝有幹、樹梢還有樹葉，屬於集中型機制。網際網路屬於完全分散型，也有別於通行的社會結構。然而，人腦的構造或許更接近分散型。人腦不會像圖書館那樣做分類整理，而是可以隨機讀取的結構體，所以直到電腦發明之前，人腦的效率始終難以提升。

網際網路在九〇年代初期開始發展、普及，那時我的感想是：「社會秩序會被打亂吧。」個人可以恣意連結的後果，就是可能會破壞現有的各種社會組織架構，好比國家、地方、公司團體等。

只能有一個身分嗎？

一直以來，我們都默認自己一旦屬於某個體系，就不屬於其他體系，這是「集中型」結構體的基本特質。

比方說，身為某個國家的國民，就不是其他國家的國民。當然，這道理也套用在個人事務上，好比從事一份工作、住在一個家庭裡。

直到現在，每個人還是只有一個名字，也就是被規定只能當一個人、具有一種身分。但為什麼非得只當一個人呢？難道不能打造另一個自己，從事另一種工作、過著另一種生活嗎？我想時下年輕人應該有此疑問吧。

至於網際網路，就可以輕易打造雙重身分，個人不但可以有好幾個帳號，也能扮演好幾種人格，自由擴展個人的可能性。反觀這在現實中根本不可能實現，因為有違常理。

舉個例子，想像一下圖書館裡分門別類排放的書本吧。圖書館的藏書都貼著分類編號，每本書都必須歸屬於某個類別，只要走到那個類別的書櫃，就能找到想借閱的書。但要是橫跨不同類別的書，可就傷腦筋了，因為不曉得會分在哪個類別，所以找不到的可能性非常高。

如今，只要上圖書館網站用關鍵字搜尋，就能查到書籍擺放的位置，非常方便，這是拜電腦普及化所賜，那麼從前又是如何呢？以往一本書要是跨兩個類別，會被放在其中一類的書櫃，另一類的書櫃則擺上寫著書名的盒子，並在上頭標示本書擺放的位置，這作法相當於在電腦運算中設定「指令別名」（alias）。

自由帶來的另一個問題

這麼探討下來，便能了解收拾、整理、整頓等行為的前提，就是有著設計好的方針，這也是跟清理垃圾、去除污垢等單純的掃除工作之間最大的差異。

社會就是像這樣逐漸網路化、多樣化、複雜化，可想而知，人際關係必然也會隨之改變。

要是生活在以往的農村社會，只能以做為村落一員的身分活著，也就是只有與家族、村民之間的互動這兩種人際關係而已。活在那個時代的人們絕大部分時間都在工作，工作和活著幾乎畫上等號，連人際關係也是建立在工作之上。聽從誰比較好？絕對不能忤逆誰？只要遵守這般單純的規則即可，這是封建社會的基本機制。

其實家庭內部也是如此，每個人都有應該遵循的既定規則，依循這些規則而活就對了。只要應對良好，自然會得到周遭的協力與援助。總之，以往是一個不必思考該怎麼活著，每個人的生活方式幾乎已被定型的時代。

相較之下，現代人就自由多了，可以隨心所欲而活，但取而代之的狀況是，必須自己思考要怎麼活。當然，這世上有不少熱心人士會主動幫助無法自行思考這種事的傢伙，但近來似乎正在減少中。

多元化、複雜化的人際發展

光是在我活著的這段期間，人際關係便起了各種變化。在以往，獨身主義絕對不是一個尋常選項，畢竟以世俗眼光來看，步入婚姻是成熟大人必經的人生之路，所以親朋好友會主動說媒，長輩也會熱心物色合適對象。現在就不一樣了，不婚族越來越多，也不必承受周遭人們的催婚壓力（施壓甚至有違法之虞）。

有別於人人幾乎都過得大同小異、人生早已被定型的傳統社會，現今是個多元化社會，就像隨機發展的分散型網路結構。個人的人際關係也將更趨多樣化、多重化，而發展的極限端視個人的腦子能否跟上局勢的變化。

若能因時制宜地認知、理解，人際關係就能自由、不拘形式地複雜化，至少在腦力未達極限之前，都會持續發展。

其實我覺得這樣的狀況「還不賴」，這種隨機且複雜的結構非但一點都不人工，反而更近似於自然。大自然的生態體系可是複雜到超乎人類理解的程度，所有事物均能連結，卻又不會隨處形成類似群體的東西。而且一旦有某個東西在某個地方不斷增加，彷彿就能感受到大自然相當排斥這樣的發展，因此大自然簡直像是以廣泛的隨機形式所設計而成。

價值觀需要時時整頓、更新

由此可知，新的人際關係並不是由人腦思考出來，有如「人工」般整理有序的狀態，而是明顯呈現出分散的樣貌。正處於過渡期的我們，確實要好好思考人腦該如何適應這樣的新秩序（或是無秩序），不是嗎？

我認為新的人際關係有時會硬被加諸陳腐的價值觀，以致於發生「網路霸凌」等偏差的社會現象，這種情況就像一塊布要是有一邊被過度拉扯、整平，結果另一邊就會出現皺褶。

那麼，人類究竟是從何時開始，如此在意周遭氣氛呢？

我發現藉由網路，可以觀察到這個問題的諸多面向。其實並非從何時開始，人類自古以來就是藉由在意周遭的動靜，而不斷演化的生物。只是現今所謂的「周遭」，是一種爆發性的無限幻想，這一點十分特殊。

就像很多人非常在意「按讚」與「追蹤」的人數，但這些充其量只是一個「數字」，並不會給現實帶來什麼重大的影響。

對人際關係該下的首要工夫，除了要先好好整理、整頓自己的想法與價值觀，還要時時加以更新、修正與審視。雖然人類相對來說算是長壽的生物，但時代的變化更迅速，若是無法持續更新，活得越久恐怕就越跟不上時代的腳步。

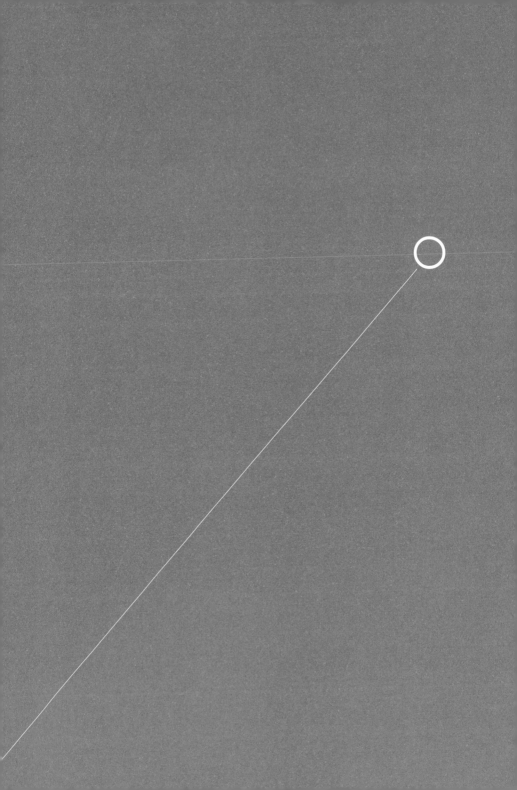

Chapter V

「自我」超整理

整理、整頓自己這件事，
說是盡力思考自己的現況與未來也不為過。
而且思考自我和思考自己與社會的關係，幾乎是同一件事——
也就是思考自己是個什麼樣的人，具有什麼可能性。

為什麼無法過著自己想要的人生？

需要整理、整頓的一般是身邊的東西，而且多為具體的物品。但就如前所述，其實不只是物品，環境與人際關係等概念性的事物，或是與自身想法有關的問題，也需要整理、整頓。

為什麼無法過著自己想要的人生？這是不少年輕人的煩惱，也有好幾次學生都找我商討過這個問題，而我的結論是——「大概是理想過高了」。說得直白一點，我覺得不少學生應該認清理想與現實多少會有差距，進而努力調整、磨合。

之所以會有煩惱、困難與阻礙，往往是因為自己的理想與周遭的現實產生了落差。

所謂的理想，就是希望這樣、想成為這樣，最好發生這種事、那個人應該這麼做……這些執拗的願望與期待。問題是，有些理想不僅要求自己，也要求別人該如何思考、行動，但除非你有能耐如同君王、催眠師般操控人心，否則很難要求別人事事配合、如你所願。只可惜，很少有人察覺到這一點。

或許你覺得只是祈願而已，沒這麼嚴重吧，但要是以願望為基準來看待現實，就會心生不滿、形成壓力，受害的往往是自己。

如何拉近理想與現實的距離？

其實，個人的現實也不見得就是一般人認定的現實，往往只是個人的觀察、自己認為的現實。好比「這也是沒辦法的事」這句話，便是一種主觀的感受；只不過，個人的觀察也會帶入情感因素，或是自行解釋。事實上，不少情況都是根本未曾仔細觀察，就單憑想像任意打造現實，這麼一來，便近似於「妄想」。

人們將理想與現實的落差視為問題，因而心生不滿、試圖解決。因為理想與現實達到一致就是所謂的「自由」，也是人腦最歡喜的狀態。

想要解決問題，有兩個方法。

一是修正理想，反省自己是否期望過高，試著調整改變，讓理想更容易落實。如此一來，或許就能與現實折衷相合。

另一個方法是修正現實，這種正面迎擊的方法難度頗高，但朝著理想努力不懈的同時，勢必會窮盡各種手段達成目標，這樣也就解決問題了。

此外，有時也會藉由觀測現實狀況，發現理想可能無從落實，並且確認這樣的觀測是否正確，而使問題獲得解決。換言之，這樣的狀況與其說是解決問題，不如說其實沒有問題，純粹是因為觀測錯誤、鑽牛角尖，對事物有所誤解。

而我們通常不會只從中挑選一種，而是會同時嘗試好幾種方法，藉以設法拉近理想與現實的差距。

要解決問題，先整理問題

當然，也會有「不明白問題出在哪兒」，只是隱約覺得「似乎不太對勁」的時候。人們對於這種狀況其實非常敏感，往往在問題尚未明確浮現之前，就能察覺到哪裡好像有些異狀。

尤其在會議之類的場合面對這種狀況時，最常聽到的一句話就是：「先整理出是什麼樣的問題吧。」亦即綜觀問題的來龍去脈，掌握問題發生的原因，進而解決問題，而且經常都會把「掌握問題發生的原因」稱為是「整理問題」。

問題發生的原因通常不只一個，要是只有一個起因，就不會變成大問題，發現的人應該也能馬上解決。問題往往會有好幾個起因，讓人不曉得要如何處理，所以必須先釐清問題，再來思考要採取什麼對策。

但起因往往不是一找就能找到，而是必須經過測試、觀察測試的結果，才能加以掌握。換句話說，絕大部分的狀況都是不經測試便無從得知。

現實中沒有所謂的正確方法

若是數學問題，只要試著代入、計算，就能知道答案正確與否，藉由「驗算」的過程得到「正確答案」。無奈現實中，絕大多數的事物都沒有所謂的「正確」評價。想知道這方法是否正確，只有動手一試；要是不試試其他方法，也無從比較哪一個才「正確」。但除非是實驗性質的行為，也就是刻意為之，否則現實中鮮少會以同樣條件，嘗試用兩種方法解決問題。

書店裡陳列著不少標榜「○○術」（例如「工作術」、「溝通術」）的書，但我覺得把這類型的書解讀成「也有這種方法」的意思會比較好。畢竟視個人、環境和時代而定，狀況勢必有所差異，因應不同的條件也會有各種處置方式。

雖然本書的書名也有「整理」一詞，但究竟該如何整理，還是因個人與條件而異，更何況書中內容還針對整理一事提出質疑，所以應該沒什麼人會以「整理術」的定位解讀這本書吧。只不過，光聽到「整理」一詞，大多數的人還是會認定這本書是在寫「整理的方法」、「整理很重要」這些事，對吧？

「跟大家一樣」到底有什麼好？

為什麼世上有那麼多人在意周遭人們隨口的一句話，因而即刻反應、甚至深受影響？

不少人似乎都對流行情報十分關注，我家老婆大人（敬稱）就是一例。比方說，她絕對會嘗試時下流行的瘦身法，我家餐桌上的菜餚也往往是前一天在電視上看到的料理，而當事人顯然不覺得自己深受影響。當然，我沒有抱怨的意思，受到影響也沒什麼大礙，只不過影響也有好壞之分就是了。

總之，我對這種想與眾人共感、想和大家做同一件事的從眾心態十分好奇。相較之下，不喜歡從眾的我實在不明白，跟大家一樣到底有什麼好？

說穿了，這種「從眾心態」只會催生出跟別人比較的想法，意識到自己要與別人較勁。

事實上，不少人都認為若是無法得到別人的認同，人生就毫無意義；若是不跟別人比較、無法成為人上人，就不是成功者，深受這般的價值觀所支配。隨著網路社會興起，這樣的價值觀更加突顯，因為網路儼然已成為用以得到別人認同、與別人比較的工具。

網路上的「他人」是種幻想

網際網路尚未普及之前，我們只身處在社會中的一小區塊，能接觸到的「他人」僅僅是自己身邊的人們，而且常是因為偶然的機緣而相識。有時候，周遭要是沒有優秀的人，就顯得自己很出色；相反地，要是周遭的人都很優秀，自己便成了毫不起眼的存在。

相較於此，網路世界中的「他人」是不特定的多數，不太有偶然的機緣可言，也缺乏可以稱為絕對評價的基準。當然，這些所謂的他人只是自己的幻想，即便網路社會已然形成，世界上的所有人也不會都成為對自己來說的「他人」，我們接觸到的依舊是近在身邊的「他人」。無奈人們並不明白這一點，總覺得自己在虛擬的網路世界中結交到了不少人。

就像這樣，彼此明明沒什麼直接關係，卻很在意眾人對自己評價的人似乎越來越多。這和所謂「擅長處理人際關係」、「深為人際關係苦惱」的情形不太一樣，因為這種關係並不是直接的一對一，而是架構在「周遭怎麼看待自己」的意識之上，至於「周遭」指的則是素不相識的他人。這些在意眾人評價的傢伙，難道沒有察覺到自己的行為受此影響了嗎？

我想，應該很多人沒意識到這一點，而且多半是不自覺地在意著「被周遭看待的自己」，以至於所有行動都是取決於他人的觀感和評價。事實上，別人根本沒說出口，一切只是自己的想像罷了。

「他人的觀感」其實是「自己的觀感」

在前一章討論人際關係時，之所以沒有納入這種與「周遭」的關係，是因為此處所提到的「他人的觀感」，其實是存在於自我的內心。換言之，這並非他人的觀感，而是「自己對自己的觀感」。

像這樣在自我的內心構築假想的他人、假想的社會，通常稱為「自我意識」，字典裡的解釋是：「關於如何認知自己的一種意識」。而「自視甚高」就是指這種意識過於強烈，亦即太在意別人的目光，幻想自己備受矚目，其實別人根本沒把你當一回事。

隨著網際網路普及，自我意識也普遍高漲，任誰都能感受到這股趨勢。網路具有促使個人在意識中構築假想「他人」與「社會」的機能，所以就算周遭根本沒這麼在意你，你也很容易以為「大家都在注意我」。其實這種錯覺也有安定精神的效果，可以做為宣洩情緒的出口。

當然，這大概也適合用來消化所謂的自我表現欲吧，亦即藉由表現自己的想法與行動，感受到周遭的認同，不少人就是透過網路發洩這種欲望。

認清現實，整理「散亂的自己」

很明顯地，上述種種狀況多是屬於所謂的自我滿足。當然，自我滿足沒什麼不好，滿足本來就是一種自我行為，也是非常正當的手法，要說有什麼負面影響，那就是過度解讀別人對於自己的認同，結果發現與現實有所落差。

透過這種假想的人際關係，其實也能看到「散亂的自己」。亦即在假想空間中，有著各種虛構的連結，客觀來說這些都是「假象」，如果個人覺得滿足，那當然無妨，但若想要提升自我、追求成長，這樣的狀態只會使自己更不安。

我認為整理、整頓這個「散亂的自己」，是很重要的事。怎麼說呢？因為認清現實就是一種客觀、踏實的思考，能夠對社會有所貢獻。說得更簡單一點，將對於自我的思考提升到與社會相關的層次，便能引導出如何在社會上出人頭地的思考模式。

當然，不求什麼出人頭地，只求自我滿足也沒什麼不好；若是抱持這樣的想法就不需要客觀性，隨自己怎麼做夢都行。然而，會做夢的是存在於現實中的人腦，而人類活在現實中的社會，還是無法逃離現實。

整理、整頓自己這件事，說是盡力思考自己的現況與未來也不為過。而且思考自我和思考自己與社會的關係，幾乎是同一件事——也就是思考自己是個什麼樣的人，具有什麼可能性。

「思考自我」不是只思考自己的事

為了思考自我，必須要有資料，而這些資料一半來自經驗，一半是從別人的意見、思考、行動等記錄中學習而來。無論是來自經驗、還是他人的記錄，都是日積月累的輸入行為，藉由不斷深化思考，便能好好整理自我。

當然，我不認為年紀輕輕就能這麼做，畢竟我自己也做不到。只是我在年輕時便意識到自己挺散亂，想早點整理自己就是了。好比我在閱讀別人寫的書時，便深刻感受到偉大的人物都是條理分明，很清楚自己要怎麼活，有著明確的人生方向。

我想像自己會隨著年紀漸增而成長，懂得捨棄無謂的堅持，能夠好好整理、整頓自己。但即使已步入三十幾歲、四十幾歲的人生階段，我也完全感受不到自己有這樣的進展。

幸好我有很多事情要思考，所以沒空思考自我，後來我才發現，這或許是很重要的事。

也就是說，所謂思考自我並非只是思考自己的事，而是思考什麼都行，在這過程中逐漸累積見識，進而了解自己。我也是在人生邁入五字頭時，才自然而然領悟到這一點。

在這樣動腦思考周遭一切的過程中，便能認識自己，除了體會到一股自我想法得到整理、整頓的舒暢感之外，也會發現自己一直以來都很散亂，甚至有些錯誤的認知。

一動腦思考，問題就消失了

我習慣在睡前思考各種事，起初是比較具體的問題，然後就逐漸抽象化。在這過程中，有時會突然發現，正在思考的問題化成雲煙般消失了，只覺得：「咦，我在思考什麼啊？」或許當時正處於半夢半醒之間吧，我每天都有好幾次這樣的體驗。

總之，就是會清楚殘留著一股正在思考的氛圍，腦中也會隱約浮現思考的對象，有時還會有顏色、形狀等具體的印象。只是，這顯然並非我所知道的現實，不是我在哪裡經歷過的事，也不是實際存在的問題。我發現自己明明如此煩惱，覺得難以解決，但這問題卻不存在。

我曾在夢中發想研究方面的事，也曾思考如何解決問題。為何我會如此執著，連做夢都在想這些事呢？老實說，最近這樣的體驗還真不少。

雖然我的小說靈感有不少都來自夢境，卻對目前的寫作沒有任何助益，因為我想寫的是比較前衛，而且非常抽象的東西。

抽象化可以揭示「本質」

大多數的人都覺得，動腦思考是為了求得具體的成果，但我的「思考」有八成是抽象的內容，這種感覺旁人應該很難理解吧。

好比這本書的主題「整理、整頓」，我想像的是非常抽象的概念，也就是生存之道與思考模式，或是如何將這件事活用於工作與學習的問題。雖然我將腦中所想化為文字，卻完全不是大多數人所期待、「想知道」的那種具體整理術。

恐怕不少人會認為，若非具體事物，便沒有任何助益，這樣的人肯定覺得這本書寫的內容派不上用場。我倒覺得具體手法之類的根本毫無用處，倘若真有這種東西，只要把工作都交給擅長實踐這類手法的人就行了。

然而，手法其實要更抽象一些，才能活用於自己想做的事；換言之，若不是更為廣泛、粗略，甚至只是個大方向的概念，便無法適用於任何人。

所謂的抽象化，就是揭示本質為何。本質不是手法，而是一種類似目標、目的、達成的結果、行動等這般自我感受的東西。

雖然本質很難用言語表達，但只要能窮盡言語、充分說明，聽者便會有所聯想，而且這樣的聯想會配合個人條件拓展開來，進而發揮效益，這就是我想傳達的訊息。

別過著被垃圾掩沒的人生

整理、整頓自己，可說是一種非常抽象的行為。不是收拾周遭物品，也非整理服裝儀容，而是藉由意識到自己的無知、大致掌握自我的本質，思考本身的立場與周遭的關係、一路走來的經歷等，吟味自我生存之道的行為。

為此，就必須知道自己每天在做些什麼？要走什麼樣的人生道路？倘若沒有思考這些事，你的人生應該相當散亂；要是任由自己這麼活著，或許就成了被垃圾掩沒的人生。

但也不能一概而論，批評這樣的人生不好。畢竟過著漫無目的、笑看一切、隨心所欲、凡事聽天由命的人生也沒錯，運氣好的話，說不定這樣還愜意多了。

然而，聽天由命的樂觀幾乎不可能成功。你以為是靠運氣成功的那些人，其實多半都經歷了不斷的嘗試、犯錯和努力，因而更懂得發現機會，不會錯失幸運女神的眷顧。

反觀只是坐等好運的人，肯定連運氣會如何降臨都想像不到吧。總之，這種人就是會任憑機運白白溜走。

所謂的整理、整頓自己，說得簡單些，就是在有生之年，想想對自己而言，「什麼是最重要的？」或是「一心追求的目標本質為何？」只要想通了，自然能排除無謂雜念，而腦子清明的同時，行為也會變得更加洗練。

整理、整頓就是在窮究本質

人就是會有很多雜念、經常懷抱各種情感，並且將兩者無謂地擴張。我們的很多行為往往並非出於本意，只是隨波逐流，或是過度在意周遭的反應而為了他人所做，卻根本不清楚自己到底想做什麼。

看到美麗的事物會感動，悲傷時會流淚，生氣時會憤怒；只要大家快樂，自己也開心……有時候，我們就是活得如此順其自然。當然，這樣活著絕非壞事，任憑感性自由發展沒什麼不好，但也別忘了捫心自問：「這是自己之所以活著的本質嗎？」

當然，並非一定要像禪僧那樣修行、精進，而是有更簡單的方法。

譬如，有孩子的人多少會煩惱教養方面的問題吧？該如何教養孩子比較好呢？父母能做的就是逐一解決問題、做出判斷。究竟要嚴加管教，還是放牛吃草？對於孩子的教養方針，多少都會搖擺不定，也沒有對錯可言，但是本質呢？本質為何？只要想想什麼才是最重要的事，便能找到答案。

教養孩子最重要的事，就是守護孩子的生命，不讓他們受傷、生病。守護他們的健康與安全，才是最主要的目的，而實踐此事是父母的責任。至於愛啊什麼的，擺在第二位思考就行，只要確認本質為何，應該就能整理、整頓絕大多數的問題。

為人父母總說為了孩子好，其實只是為了自我滿足、在意別人的眼光，說穿了就是老被這種與孩子安全無關的事情牽著鼻子走，不是嗎？

那麼，工作的本質又是什麼呢？我想答案因人而異，但大多數人會工作，無非是為了獲取報酬，也有可能是出於提升自我、討別人歡心，或是融入社會等各種心思。不妨時時思考自己做這件事的首要目的，試著用俯瞰的角度看待眼前的小問題，應該多少能讓自己冷靜下來。

情感會製造一堵牆，成為絆腳石

「情感」是導致許多狀況脫離本質與真正目的的一大原因。情感往往讓人錯看問題，它所編織出來的幻想，會讓人看不見應該前進的方向。

即便客觀看來沒什麼大礙，情感卻常會成為絆腳石，進而擴大問題，迫使自己陷入窘境。更惱人的問題在於，情感這道阻礙會使自己迷失方向，一旦像這樣被情感支配，就會覺得四處碰壁、茫然失措，不知要如何掙脫這般困局。

可笑的是，這些高牆都是自己打造的，這些障礙都是自己的情感培育的。或許你會堅稱：「才沒這回事，分明是那傢伙害我的！」倘若再怎麼樣都無法擺脫這想法，那就找警察之類的第三者談談吧，或許藉由客觀的觀察，多少能讓你冷靜看待事況。

正所謂人不為己，天誅地滅，人往往會主觀地看待事態，認為自己是對的，對方是錯的。問題是，當對方也帶著同樣的情感在做判斷，就免不了引發爭執，小至團體糾紛，大到民族、國家之爭，所以才需要制訂法律、加以規範。再者，情感一旦被挑起，克制不了的結果就是越演越烈，也就更難收拾。

懂得「整理自己」，才能贏得信賴

容易感情用事的人，往往會出現許多矛盾言論，所以在旁人看來，只覺得這樣的人蠻不講理，不明白他們到底是基於何種理由做出判斷。

只要有理，便能說明，還能說明得有條有理。只要知道這個人秉持的理由，便能了解這個人的想法，也才能給予信賴。得到別人的信賴，也就是別人認同你基於理由所採取的行動。因為根據理由便可以預測，你在什麼樣的場合會採取什麼樣的行動，也才能讓周遭的人們安心並加以信賴。

反觀容易感情用事的人，因為一舉一動很難捉摸，也就無法得到別人的信賴，進而被貼上「莫名奇妙的傢伙」這樣的標籤。

畢竟，沒人想使用亂成一團的房間，所以想像一下漂亮又乾淨的飯店房間吧，因為收拾得乾淨整齊，所以誰都能夠使用。之所以放任自己的房間雜亂不堪，是因為只有自己會使用；為了讓別人也能使用，就必須好好整理、收拾。否則別人不曉得什麼東西放在哪裡、什麼東西不能碰，哪些是危險物品、會有什麼突然迸出來，就會深受其擾，無法安心入住。

總之，想要得到別人的信賴，成為對別人有所助益的人，就必須先整理、收拾好自己，起碼要讓自己看起來是這樣的人。不過要整理、收拾好的部分屬於內在層面，光憑外表是看不出來的，只能從此人的日常言行中觀察與理解。所以，想要成為對別人有用處的人（也就是得到工作機會），讓別人覺得你是個「懂得整理自己的人」，是很重要的一點。

為此，克制情感是首要條件。容易感情用事、我行我素，可是會讓別人大大扣分的關鍵。畢竟從平日的應對進退這一類小細節，便能顯現一個人的「自律性」。

不過，這些主要是一個人對外展現的形象，並非就是此人的本質。反正一般的社交人際關係並不會深入觸及人格本質，僅止於表面上的交流，所以稍微假裝一下，反而更容易在社會上生存。這就是所謂的社會化，或者說是協調性。

34

Chapter VI

「森式碎碎唸」——超整理的人生

方法是著手進行時，才會逐漸形成的東西。
總之就是拚命向前衝，做出成果就對了。
當你某天回頭，看見有一條路出現了，這就是所謂的「方法」。
方法這玩意兒，就是同一件事做第二次時，會確實發揮效用，
但最初著手時，並無路可循。

我想稍微在此喘口氣，暫停一下。

畢竟一直寫些非常抽象的論述，不難想像有些讀者已經看到快睡著了。我在課堂上要是看到學生露出快要夢周公的表情，就會請他們提問。因為提問對每個人來說都是很具體的行為，會有效地將思緒拉回現實。

我之所以寫這本書，是因為收到日本實業出版社的編輯Ｙ小姐的來信。她希望我寫一本以三十歲以上的商務人士為對象的作品，也就是已經到了在社會上被稱為「中堅份子」、「職場老鳥」的歲數，但希望自己還能不斷成長，或自覺「陷入瓶頸」，想要突破現況的這些人。

至於內容，一言以蔽之就是「整理術」或「工作術」。編輯希望我能寫些有助於商務人士增長知性、琢磨知性、蓄積智慧的方法。

感覺這主題類似如何陶養知性、讀書學習術之類的內容，我於是決定接受這請託。不過，總覺得這不是森博嗣能寫的東西，畢竟我從未在一般公司行號任職（或工讀）過。

那麼，這些人追求的知性是什麼？

還有，要培育這種知性的具體方法為何？

搞不好去趟書店，就會看到一大堆寫這種主題的書吧。因為我從沒讀過這一類的書，所以不曉得要寫些什麼。

無法複製成功的特殊工作

好比工作方法與知識，或是處世之道、人際交流術等，至少在我所處的大學職場中，並沒有上述這些所謂的「工作術」，需要的只是用來研究的頭腦和推展研究的執行力。

說穿了，大學研究人員就是一種極為「知性」的職業，雖說工作屬性較為侷限、封閉，卻被要求在某個專門領域要成為世界第一。既然是研究就必須是最先進、最尖端，不能依樣畫葫蘆，也不能複製別人的成功模式。

因為沒有人做著同樣的事，所以也沒什麼研究人員該有的樣貌，每個人都是按照自己的作法向前邁進，畢竟就連構築研究方式也是研究的一環、工作的一部分。我想書店裡應該沒有以「研究術」、「研究法」為主題的書，應該也沒有人會寫吧。

故事就從對談開始——編輯的心聲

以下是我和編輯Y小姐以mail聯絡所整理出的問答內容。她本來就想做一本以「讀書術」為主題的書，所以我們就從這方面開始談起。（關於文中的遣詞用句等，我有稍做修改。）

什麼是步入社會後必備的能力？

Y：我覺得學生時代必須具備的能力，和步入社會後必備的能力不太一樣，森老師覺得呢？

森：這是身處任何環境都會遇到的事，不是嗎？不只學生和社會人士，換工作時也會有適應期，隨著年紀漸長，需要適應的事也會有變化。我雖然沒在一般公司行號任職過，但常跟上班族往來，雖然都是聽來的訊息，但感覺社會人士和大學生是不太一樣。

Y：什麼是社會人士必備的知性呢？好比商業書常提到「就算學校成績優秀，工作能力也不見得就出色」、「想成為職場菁英，必須具備地頭力」之類的論點，我一直在想，到底什麼是「地頭力」（譯註：具備思考的能力）呢？

森：地頭力？那是什麼？我沒聽過這說法耶！感覺好像跟遺傳性智能什麼的有關。環境與個人努力程度確實會影響智能，但這種影響一般是發生在年紀較小的時候。這是統計出來的研究結果，不見得適用於全體，只不過平均來說是如此。雖然出身自比較重視教育的家庭，或是靠自己努力學習，成績都能達到一定水準，但終究還是會慢慢顯現出個人的天賦差異。或許有人聽到我這番話會覺得，看來再怎麼努力也沒用吧。這個嘛，我覺得實際努力看看，就知道有沒有用了。

怎麼樣才能在工作上做出成果？

Y：對於工作能力強的人所需具備的智識，想聽聽森老師有何看法？

森：這個嘛，我沒想過這種事耶。不管憑藉的是努力、智識或運氣，主要是看能不能做出成果。這世界可是殘酷得很啊！就我所知的範圍來說，一旦做出成果，別人也只是誇你很努力、很聰明罷了，問題是，聰明又努力也不見得會做出成果，這也是事實吧？總之用什麼手法都行，在思考哪個方式最適合之前，先想想是否真能做出成果吧。

Y：若想在工作上做出成果，您認為什麼是必備要素？

森：思考，拚命思考，一直思考。至少就我的工作領域來說，除此之外別無他法。因為我做的是沒人曉得怎麼做，也沒人可以教我怎麼做的工作，而腦子就是要用來思考的。

Y：如何才能窮究、培養自己的智識呢？

森：果然還是拘泥於方法論啊！我認為首要條件，就是要認知根本沒有「方法」這回事；方法是著手進行時，才會逐漸形成的東西。總之就是拚命向前衝，做出成果就對了。然後當你某天回頭，看見有一條路出現了，這就是所謂的「方法」。方法這玩意兒，就是同一件事做第二次時，會確實發揮效用，但最初著手時，並無路可循。雖然大部分的工作一開始都沒有什麼研究階段，但還是有前人可以依循，所以只要好好觀察、學習成功者怎麼做，就有機會做出自己想要的成果。當然，成功者不限於夥伴，也包括敵人，我認為以個人好惡做選擇，只會使自己的眼界變得狹隘。

想多學些東西，又不知道學什麼才好……

Y：以我自己身為編輯來說好了，總會覺得自己「能力不足，想多學些東西」，但要學習什麼才好呢？……一直摸不著頭緒。好比讀一本和廣告文案有關的書，參加如何提升編輯力的座談會等，我想試試各種想得到的方法，但又懷疑這樣做真的有用嗎？覺得自己的學習方法有問題。有沒有什麼辦法，可以找到適合自己的學習方式呢？

森：可惜沒有……

Y：是喔……沒有嗎……

森：就以鋼琴家為例吧，當鋼琴家覺得自己能力不足時，要怎麼做才好呢？對他來說，看書、參加座談會之類的恐怕都沒用，為什麼呢？因為他已經是鋼琴家，書和座談會教的只是如何從事這項職業的方法，到了某個層級，已經沒有人能教導他了。不過，既然是專業鋼琴家，那就只有彈琴一途了。我想編輯也是，只能一本接一本地做，這就是編輯追求的知性吧。

Y：拚命做、努力做就對了，是這個意思嗎？

森：就某方面來說的確是，但又不能概括而論。其實，我覺得不管是閱讀和廣告文案有關的書，還是參加座談會，都會有所幫助，雖然這些和手邊的編輯工作並無直接關連，但廣泛吸收這些東西，才是培育知性的最佳養分。知性不但要有深度，還要有廣度，我認為這絕對是從小學開始的義務教育進行改革時的一大要點。別管什麼擅不擅長，去嘗試從未接觸過的事物就對了。從某個角度來說，編輯這份工作正是處於資源非常豐富的環境，有機會涉獵各種知性領域。

AI出現後，人類還能做什麼工作？

Y：這樣啊！謝謝老師的鼓勵。那麼，接下來聊些稍微牽涉到社會層面的主題……最近常聽聞「AI搶走人類工作」的新聞，所以「我們必須成為不會被AI取代的工作人」，這樣的主張一時之間引發熱議。關於這一點，您是如何看待呢？

森：我從沒認真想過這種事。是啊，工作的確會被搶走呢，而且不久後就會發生。自從電腦問世，就已經奪走不少人的工作，好比鉛字排版、文書處理器都被電腦取代，公車也沒有車掌小姐了，看來沒多久可能連司機都要失業。時代再往前回溯，不少勞力工作都被機械取代，像是用鏟子挖土的工人就是一例，挑夫這工作也是。一切都是因為工業革命開始活用煤炭、石油等能源，而造成這樣的轉變。除非能源枯竭，不然這趨勢還會持續好一段時間，人類社會將朝著就算一般人不工作也無妨的方向前進。因為有機械代勞，生產安定、社會也變得豐裕。然而，一旦不工作的人變多了，就必須建立起完善的社會福利機制，將使用機械代勞而省下的工作報酬轉讓給這些人，他們才不至於因為工作被奪走，而焦慮著要如何生活。總之，今後應該會演變成仍有少部分的工作是人類能做，並以此維生的世界。

Y：AI奪走人類的工作，不是幾百年後才會發生的事嗎？

森：我覺得沒到幾百年那麼久。不過……嗯，也許吧。但話說回來，現在AI、電腦幾乎就要完全支配人類了啊。很多人不是邊走邊滑手機嗎？而且多的是那種懶得動腦想，重度依賴手機的人。所以究竟是誰在工作？幾乎都是手機在工作，不是嗎？

Y：的確是這樣呢！我覺得關於AI、電腦奪走人類的工作，似乎還存在著其他方面的問題，但我不清楚是哪一方面……

森：應該是人類會變得很難搞吧。最近不是為了推動勞動方法的改革、杜絕職場騷擾等各種議題，而鬧得沸沸揚揚嗎？還有工時過長、薪資必須提高什麼的。為什麼非得雇用人類呢？我要是企業主的話，才不聘雇員工呢，省得聽別人發牢騷。不過，就當我在說笑吧。其實重點在於，人類被要求具備的能力是什麼？也就是人類的本質為何？我覺得這是今後人類必須面對的問題。什麼是只有人類才能做的事？或是什麼工作只有你能做？擁有無可取代的能力，就不怕被淘汰；反過來說，只會做大家會做的事，勢必會被ＡＩ取代。

邏輯思考力有什麼重要性？

Y： 我喜歡書，也常看書，不是那種無法吸收新知的人，也不是那種不聽別人建議、不理解別人想法的人。問題是，我的腦中塞進了各種事物，卻覺得沒有好好整理、思緒紛亂。我們不是常會說什麼條理分明的思考力、邏輯思考力嗎？我認為這也是「工作能力強的人」必備的條件之一，森老師有何看法呢？

森： 我也是這麼認為。邏輯思考是用來說服別人的工具，也常是解決自身問題的方法。不管怎麼說，這個社會就是很吃邏輯這一套吧。只不過大部分情況下所說的邏輯，都是指言語上所表現的條理，而不可否認，言語是將現實消化過而生成的產物，所以難免會失真，我認為必須有此自覺、多加留意。畢竟進入腦中的情報要是沒經過整理，便只是單純吸收知識罷了。雖然光是記住言語，也是一種吸收知識的行為，但還是沒辦法由此開展出什麼。增加活用知識的機會，在腦中做各種連結、結合不同關係，才能成為有用的知識，化為內在涵養。基本上，知識只有用來答題這個好處，內在涵養卻是這個人具有的力量，可以讓自己無論置身何種情況都能處於有利的立場。所以，不妨以內在涵養為基準，來觀察這個人是否為「工作能力強的人」。

Y：一定要懂得邏輯思考，才能做這樣的連結嗎？

森：是的。

Y：那麼，要如何培養邏輯思考力呢？

森：這和彈琴的情況是一樣的，也就是施展邏輯思考力。琢磨道理、加以論述，向對方說明理由、駁倒對方的看法，藉由累積這樣的經驗，來培養邏輯思考力。歐美非常重視這種能力，學校也會開設相關課程；日本人則認為爭論是為了達成自身期望所行使的手段，殊不知這是更技術層面的東西。日本人之所以拙於爭論，就是因為在學校裡沒有好好學習所謂的邏輯思考力。

工作能力差，問題是出在哪裡？

Y：常聽人家說什麼「花一萬個小時學習，就能成為這個領域的高手」、「讀兩千本書，就能成為這個領域的專家」，森老師有什麼想法呢？

森：文科系專家是這樣養成的嗎？我不太清楚。不過，我想理科系專家不是這樣的。

Y：只要長久鑽研、大量閱讀，就可能對某方面有所專精，所以大家都該這麼做不是嗎？

森：就算沒做到這個程度，應該也能對某方面有所專精吧。我覺得問題不在於數量多寡，而是起心動念，既然煩惱著要不要做，那就先做吧。問我要怎麼成為小說家？答案是寫就對了。這和某位作家說過，起碼要寫上二十本作品，再來煩惱寫不好的事，是一樣的道理。

Y：您覺得之所以「工作能力差」，只是和自己的才能、資質有關嗎？

森：當然也有關，但合不合適才是關鍵吧。個人的資質、是否適合從事這份工作，以及包括人際關係在內的職場環境，還有和上司是否處得來，這些應該都是癥結所在。

Y：我們常聽說因為人際關係出問題而辭職的狀況，像是發現自己待的是黑心企業、不適應公司的差遣調度、不善與人交際等。廣義來說，這些問題也和個人資質有關？

森：合不合適這件事其實很模稜兩可，無法明確劃分。將大略捕捉到的事物勉強化為言語陳述，本來就不恰當。人類基本上是非常不確定的存在，像是變化多端的裝置，沒有一定規格，連自己都摸不清頭緒，所以不可能像機械一樣精準地適材適用。為了理解自己的規格，只能試著工作看看，也必須花上一段時間才能明白。還有啊，不少人對於時下年輕人的印象就是不努力向上，只想坐享其成，這是因為我們一直以來都被灌輸凡事要竭盡全力才能成功的觀念，但我實在不明白竭盡全力有何意義可言。不必竭盡全力就能把工作做好，才是健全的狀態。就像機械也不會時時都全效運轉，放下拚命三郎的心態，稍微寬鬆一點，這也算是人的一種性能。

先弄清楚是不想做、還是不適合？

Y：這倒是。意思就是游刃有餘地面對工作，對吧？嗯，不過也有不少時候是想要努力，卻怎麼樣也努力不起來……

森：沒必要勉強自己努力，硬是卯起來努力也只會覺得疲乏，不是嗎？

Y：總覺得因為各種理由，無法下定決心、放手一搏。當工作遇到瓶頸時，您認為要如何找出問題、解決問題呢？

森：這要看情況而定吧。讓員工從事發揮長才的工作，這是雇主一方的看法，但對員工本人來說，是希望做自己想做的工作，兩者的觀點原本就不一樣。基本上，當事人能否正確地評價自己，這件事很令人匪夷所思。在大學任教時，有很多學生找我商談就職的問題，當下我就這樣覺得。畢竟，本來就不見得能找到想做又適合的工作，與其想著要如何解決問題，不如先想想問題出在哪裡吧。不過也是啦，大多數人做的都不是真正適合自己的工作，不是嗎？說穿了，就是呈現一種散亂狀態，所以最難整理、整頓的對象是「人」。

Y：在森老師的小說中，有一段描述讓我印象深刻。男主角犀川老師說女主角西之園的心算速度很快，可以不斷代入數字演算，就算不懂邏輯推論過程也能馬上得到答案，真的很聰明。對於缺乏這等聰明才智的一般人來說，又該怎麼提升自己呢？

森：這個嘛……要問犀川老師才知道吧。也許他是想說邏輯這東西，就算腦子不好，也能慢慢推演，靠編的編出來吧。

學了一堆知識，但真能派上用場嗎？

Y：我很會背記，所以學生時代要背記的學科成績都不錯，唯獨數字就是記不住，所以數學科完全不行。現在長大後想想，我背誦、記憶了很多東西，尤其記了滿滿的雜學知識，卻不曉得這些東西能否派上用場。

森：或許是因為總是輸入，沒有輸出吧，這和光吃不運動的道理一樣。原本獲取知識是為了想對某方面有所助益，無奈學校教育卻完全相反，所以我們是學到了東西，再來思考如何活用。其實正確的順序是先有自己想做的事，再來學習相關的必備知識，我覺得這才是今後教育的走向。叫人想想如何活用知識，本來就很怪。

Y：感覺腦子靈光的人都很清楚適合自己的學習方式，還能活用於現實，沒錯吧？

森：這個嘛，我的腦子不靈光，所以不太清楚。不過，我想不是這樣吧。唯一能確定適合的學習方式，就只有用來應考的對策。因為不管是什麼樣的考試，都有大致底定的型態，當然可以對症下藥找到最佳學習方式。但面對一般情況，就沒辦法這麼做了。

Y：這樣的話，平凡如我們，要怎麼著手學習呢？

森：這也是把順序弄錯了。應該先找到自己想做的事，有了想做的事，自然就想學習，因為會求知若渴。

到底要不要做筆記？

Y：感覺森老師是沒有習慣做筆記的人呢！

森：沒錯，我不做筆記。我的筆記本是工作時拿來畫草圖用的，也不會寫上任何文字，純粹就是畫圖。突然想到什麼時，我也會拿信封袋、廣告傳單的背面來畫圖。

Y：完全不用文字筆記嗎？還是會記在電腦裡？

森：我會用電腦的行事曆記錄行程，好比哪天要做什麼事，依循這排程來工作。還有明、後年預定出版的書，我也會用電腦記錄以免忘了，所以多少還是有做筆記囉。

Y：您都是如何管理筆記或資料呢？

森：我沒有管理，工作完成後便刪除。像是工作上聯絡對象的地址之類的，還是快點刪除比較安全，盡量不管理多餘的情報和資料，很乾脆地結束一件工作。

Y：那小說的構想、情節之類的資料呢？

森：沒有，完全沒有這些東西。關於預定書寫的作品，我只筆記了主題（書名），決定之後也會刪除。反正一旦開始寫作，內容本身就是資料，也不需要再自行筆記什麼了。我以往的作品幾乎都沒有留下資料，反正留存也沒什麼意義。我辭去大學教職時，把一堆資料帶回家，只保存幾年就全扔了，畢竟那些工學方面的資料都舊了，沒什麼價值可言。我連自己拍的照片也不存檔，貼上部落格後就刪掉，最近則是連派不上用場的照片都不拍了。因為我是個不擅整理、整頓的人，所以不會讓自己陷入非得整理不可的窘境。

多頭並進的工作方式不會很散亂嗎？

Y：您在書裡曾提過會把做到一半的工作擱著，又去做另一件事。為什麼會這麼做呢？

森：有時候就算做完了，也不能馬上提交出來，不是嗎？我不想做無謂的事。況且做到一半擱著，就可以從最佳狀態開始進行。

Y：可是這樣不會有點散亂嗎？

森：也是啦！不過這種作法很像展店，在好幾處地方設立據點，然後每天遊走各店，一點一滴向前推進。因為我是無法集中注意力的人，這樣似乎很適合我。」

Y：所以工作時，電腦螢幕上也開了各種視窗嗎？

森：是的。我的桌上並排著兩部二十四吋的電腦螢幕，時常兩邊各開十個左右的視窗，一部分還是會動的畫面。我一邊看畫面，一邊寫小說、散文，不時收發 mail、上網，巡視各個視窗。我無法長時間專注做一件事，寫東西寫個五分鐘，就會做其他事，所以電腦總是開著，不然就是休眠狀態。

Y：不過我個人覺得，在收拾整潔的環境中專注地做一件事，應該也是一種工作術。

森：也有人是這樣吧。反正各類型的人都有，重要的是找到適合自己的方法，不是嗎？

有什麼無關職業，人人都該學習的事嗎？

Y：有沒有什麼事，是不限職業類別，任誰都應該學習的？也就是起碼都要學會這樣的事，還沒學的話就應該補上。

森：嗯……一時之間沒想到。我覺得沒有什麼要事先學習的事，因為一直都在學習。一旦在工作上碰到問題，再學習必須學習的事不就好了嗎？但如果是有急迫性的工作，就不適用這說法了，某種程度上還是得具備必要的基本功。日本一直到高中應該都有這樣的課程，好比國文和英文要學文法；數學的話要學代數；理科的話，就是物理囉。知道一些基礎的事，我想會比較保險。

Y：比較保險的意思是？

森：至少能夠安全活著，就是這意思囉。比方說，要是不了解輻射是怎麼回事，就不曉得如何因應核災；不過，這也是災害發生時再學習還來得及的事。真要說有什麼問題，大概就是其中關於數字的計算方法和單位的換算，不是一時半刻就能理解的吧。

其實做得到，但就是不想做……

Y：其實做得到，但就是不想做，這時該怎麼辦呢？我常會這樣，明知道只要開始做，一下子就能做完，但就是遲遲不想動手。好比計算經費之類的，只要填些表格就行，但一想到要是填錯了好麻煩，就會一直擱著。森老師也會這樣嗎？該怎麼面對呢？

森：我也常會這樣。其實我很討厭寫東西，小說、散文都不想寫，總覺得很麻煩，就算寫了別人也不見得能理解，而且寫的時候一點樂趣也沒有。不過，正因為是工作，所以再怎麼厭煩都得做。雖然對某些人來說，工作也是一種樂趣，但就連基於喜歡而做的樂趣，也有覺得麻煩而不想做的時候，這時只能硬著頭皮做了。我覺得這種「硬著頭皮」的無奈感，就是最佳工具。總之，硬著頭皮做就對了。只要做了，多少都會得到好結果，好比寫小說可以賺版稅，看到辛苦工作的成果也很開心。

棘手的工作也要硬著頭皮做嗎？

Y：不知道如何著手、覺得棘手而不想做的時候，也一樣要這麼做嗎？

森：硬著頭皮做就是了，這跟棘不棘手無關。

Y：像我真的很不擅長發想書名、書腰文案之類的事，雖然一直想著要怎麼做，但要寫下來和主管討論就覺得苦惱，很怕被認為「這傢伙又寫了個完全不行的文案」，討厭這種被打槍的感覺。這時要怎麼辦才好呢？是不是就只能不斷增進自己的實力？

森：何不就讓主管覺得，你是個發想糟糕文案的天才呢？

Y：老師是在說笑吧。

森：我覺得原因就在於，你想得到上司的認同。

Y：原來如此，是這樣嗎……

森：不妨試著跟主管表明，你就是不擅長這種事。

面對資訊，應該照單全收、多多益善嗎？

Y：我們對於各種情報應該照單全收，還是要擇取篩選呢？面對當前資訊氾濫的時代，我們應該積極汲取工作上的必要情報嗎？還是正因為資訊氾濫，更要懂得篩減呢？

森：我覺得重點不在於數量的多寡，而是情報、資訊是否夠深、夠廣。資訊氾濫的另一層意思，就是大家只著眼於淺薄的資訊，不追求深度，也不思考情報之間的關連性。這也是我為何一再強調不能只有輸入，也要輸出的重要性。情報是死的資料，已經不會變化，所以要加以考量、分析。要是不動腦思考，情報就是死的；唯有思考才能讓情報活過來，開始發揮效用，化為自己的養分。

男女在知性上會有所差異嗎？

Y：關於學習方法與必備的知性，男女在這方面有差異嗎？還是都一樣呢？

森：這方面主要視個人而定，但若以平均值來說，男女之間是有些差異。

Y：如果是內勤職務，而且任職很久，我覺得男女之間沒有差異。不過女性在職涯中可能會經歷結婚、懷孕生子等人生的重要時期，花費在工作上的時間和心力勢必會減少，沒辦法像男性那樣「二十四小時投入」。這個時期的女性應該如何增進自己的實力，是我在思考的事。

森：一般人常以懷孕生子與否來區分男女，但我覺得以個人的成長環境、能力、生活方式之類的差異來衡量，會比較清楚。因為每個人的情況都不一樣，無法概括而論。所謂的制度就是必須畫出界線來區隔，但這往往也成了一大問題。

如何讓自己變得更知性、更有智慧？

Y：有沒有什麼方法，能讓自己變得更知性、更有智慧呢？這應該是很多讀者追求的目標，比方說，像是「調查↓蒐集↓取捨與選擇」這樣的循環步驟。

森：沒有吧。我從來沒有刻意進行「調查、蒐集、取捨與選擇」這樣的步驟，也沒想過如何讓自己變得更知性、更有智慧。我只是對想知道的事很好奇、對不知道的事努力思考，也就因此摸索出各種方法。研究的標準流程是：「發想↓思考↓確認↓修正↓大多都是做白工」，就是重複這樣的步驟吧。

「明知道該做，卻一直拖著」要怎麼辦？

Y：讀了這本書就會明白，只要解決「明知道該做卻做不到」這個問題就行了。森老師也有「明知道該做卻做不到」的時候嗎？

森：時常會有呢！好比應該上洗手間、應該吃飯、每天不睡足幾小時就不行，這些都是明知道該做卻做不到的事。但這些事畢竟都還是得做，否則狀況無法解除，所以就算手邊有其他該做的事，還是得先擱著，去上廁所、吃飯、睡覺。

Y：想說森老師不會有這種困擾，其實不然呢！但有人就是明知道該做，卻一直拖著，又要怎麼辦呢？

森：我覺得這種事勉強不得，就順其自然吧。問題在於不解決的話，便無法前進，就只是這樣而已。如果要我給個建議，那就是從容運用時間，給自己留些可以轉圜的餘地，這麼一來，就能上洗手間、好好吃飯、好好睡覺。清楚知道自己有多少時間可以拖延，再以此推測、擬定計畫。

讓自己看起來很行，就不吃虧嗎？

Y：有些人對工作似乎就是不在行，很難就職。

森：這就沒辦法了，畢竟勉強挺直背脊，讓自己看起來很行，也不是好事。一開始就讓自己看起來沒那麼厲害，讓人覺得是個「工作能力不怎麼樣的人」，反而比較保險。

Y：您一直都是秉持這個原則嗎？

森：是的，我一直都是這樣，家父就是這麼教導我，我也努力堅守此道。

Y：這樣的價值觀還真是稀奇呢！不覺得這麼做很吃虧嗎？

森：為什麼會吃虧？讓自己看起來很行，就不吃虧嗎？我反而覺得這樣很吃虧。

當喜好變成工作，是一件危險的事？

Y：您的文章似乎有好幾次都提到，可以廢寢忘食做自己喜歡的事。此外，在《有價值的工作是種幻想》這本書中，您也提到「基本上，工作應該是自己擅長的領域」，所以如果做自己喜歡的工作，就可以做到廢寢忘食的地步囉？

森：完全相反。首先，擅長的事不等於是喜歡的事，但要是偶然達成一致，因而工作過度，就會有害健康。年輕時也許不覺得，但這勢必會形成一股壓力——因為喜歡，所以有壓力。總之，不要太認真看待自己擅長的事，有時候不想做也行。其實作家的工作對我來說就是這樣，雖然不是很喜歡，還是得做。

什麼是成為專業人士的第一步？

Y：我這一代是就職冰河期世代（大約是現在的三十幾歲到四十幾歲），應該很多人到現在還做著無可選擇的工作。做著自己不擅長的工作，卻又無力改變，因為擔心將來的狀況，所以多少想使點力，修正自己、在工作上有所表現。這樣的人該怎麼做才好？

森：正因為是討厭的工作、深感棘手的狀況，才會想提升效率，我覺得這是自然的發展。不過，別誤以為自己喜歡上了這工作，其實還是不喜歡，純粹只是想提升效率罷了，打量著這麼一來，或許能意外開拓出一條路。其實這種狀況就像是在整理、整頓面對工作時的自我行動，而且依照工作性質不同，具體的作法也不一樣。

Y：老師在《有價值的工作是種幻想》一書中提到，人類的工作會漸趨專業化，若想成為專業人士，必須學習些什麼呢？如何才能找到對這份工作來說「必須學習」的事？

森：靠自己思考這種事很重要，因為是自己要學習，所以想想要學習什麼比較好，是成為專業人士的第一步。我知道大家會想跟別人學習，或得到別人的教導，可惜應該沒有這樣的教材和學習方法。總之，真正的專業人士不是靠這些撇步養成。從小到十幾歲為止，是培育通才的階段，才會有教材教你如何學習，而且學的是共通的基礎知識，所以我認為必須要改變對於學習的觀念。

怎麼樣才能找出事物的「本質」？

Y：這是我的煩惱之一，那就是「到底要學習什麼？又該怎麼學習？」我也明白先學習自己覺得很重要的事就對了，所以曾想過：「反正我就是不太會寫文案！乾脆花個十六萬日圓，參加三次糸井重里老師開設的『文案高手養成講座』吧！但總覺得關鍵不在這裡，應該還需要更貼近本質的東西吧。但本質究竟為何，又說不出個所以然……

森：我倒覺得花自己的錢，去參加這種講座也沒什麼不好。其實你當下的念頭就是所謂的本質，必須做些什麼的焦慮心態也是本質。希望改善自己，卻又不知道如何才能做到的疑問，同樣也是本質。只要別忘了這些本質，試著隨時反芻、多方思考就對了。其實，要不要花上十六萬參加講座，去或不去都是一個選擇，總之在行動前好好思考、煩惱，藉由這樣的過程整理一下腦子。畢竟大多數的人都不太會深思，不是嗎？因為害怕越想會越鬱卒。其實鬱卒也沒關係，動腦思考就對了。如果再怎麼想破頭，也想不出個所以然，那就試著先行動吧。我覺得整理房間也好，花十六萬參加講座也罷，都是很好的選擇；這麼一來，或許就會稍微改變看待事物的視角，讓自己再繼續動腦思考。反正思考又不花錢，而且隨時能夠回到原點，不像十六萬可是一撒出去就回不來了。況且只是思考，又不是要決定什麼，也沒有要判斷什麼，只是思考每個判斷的可能性。

要擅長思考，哪個科目該好好學習？

Y：的確，也許我沒想得那麼徹底。

森：聽你一路說下來，我發現你應該是個不太擅長思考的人吧？所以才想尋求更有效率的方法。記得你說過很不喜歡計算經費什麼的，想知道怎麼做更有效率。問題是，步入社會後遇到的都是應用題，是用不著計算的問題。我上幼稚園時，我爸教我算數，他不在意我的成績，也不要求我非得多努力、拿第一，就算考差了也沒關係；但他說算數和數學一定要好好學習，因為只有這個科目，在步入社會後會對自己有所助益。後來二十歲長大成人後，我一切都靠自己，來自父母的援助只有小時候而已。不過一般人的說法大概都跟我相反吧，只會認為步入社會後，算數和數學根本毫無用處。但到了這把年紀，我還是真切地感受到，這都是託數學的福啊！我爸就是想告訴我，思考這件事很重要。

Y：我好像有點明白了。謝謝老師。

森：就算明白了也沒用喔。只是明白了、知道了還不夠，重要的是動腦思考。

「堅持」也算是一種方法嗎？

Y：老師每天都會更新部落格，實在好不可思議喔！看來老師真的每天都會動腦思考，而且都能寫出那麼多東西呢。

森：因為是工作囉。二十年來每天都持續這樣寫，想說今年是不是該畢業了。

Y：這樣啊……不少人就算是工作也沒辦法堅持下去，工作上必要的學習也撐不久，於是感到十分挫折。雖然我覺得學習與堅持並沒有因果關係，但對於不是天才的人來說，還是可以靠著日積月累獲取知識與技能吧。森老師對於堅持一事有何看法呢？若是能給我這個常常只有三分鐘熱度的人一些建議，那就再好不過了。

森：其實我小時候也是只有三分鐘熱度的小鬼，很容易馬上就厭倦一件事，所以常挨罵。長大之後，我非常憧憬持續做著一件事的態度，所以要是我能持續做著哪件事，就會以自己為榮，想要犒賞自己。基本上，我是那種即使被別人誇獎，也不為所動的人，所以一切都是為了自我褒獎而行動，就算被別人譏諷也想持續下去。要成為研究者的條件之一，就是每天有辦法坐在電腦前十小時左右，這也是身為研究者的素質。「堅持」就能增進自己的實力，再也沒有比這更簡單的方法了。也是啦，這算是個很稀奇的「方法」，但確實適用於任何事物。藉由鍥而不捨地努力，幾乎可以實現任何事，也能培養自制力。

有整理就一定有效率嗎？

Y： 如何學習、如何整理，是很多人都想知道答案的問題。這本書的讀者群是設定在二十幾歲到四十歲前半，大家看來都有同樣的煩惱——「雖然很忙還是想學習，要怎麼做才能有效學習呢？」

森： 這是你一直在問的問題，我應該已經回答得差不多了。我能給大家的建議，就是在問別人之前，自己先動腦思考。

Y： 可是我想重點是在於「效率」這個關鍵詞吧。整理也是為了提升效率，不是嗎？

森：一般來說，確實是。

Y：聽說最近有一種「瑞吉歐教育法」十分熱門，這個方法的特色之一就是「上完一天的課程後，不去收拾、整理」，像是小朋友做到一半的勞作、圖畫就這樣擱著，隔天再繼續做，甚至一個月後再做也行。這和森老師實踐的「不整理」主張很類近呢！

森：單純一點想的話，真的是這樣。一直以來，整理這件事就像緊箍咒一樣束縛著我們，擱著不收拾，隔天要動工時也比較方便。如果地方夠寬敞，完全不收拾也沒關係，其實也只有空間變小這個缺點罷了。

「效率」的定義其實是因人而異？

Y：森老師常常看些和自己的專業無關的雜誌呢！車庫裡也堆滿各式各樣的雜物，這麼做是為了提升效率嗎？提升效率和廣泛收集有關嗎？

森：「效率」一詞會依工作內容的不同而有所差異，好比工廠中的作業流程，是重複做一件事、還是研發新產品，這兩種工作就完全不一樣，對吧？像我是從事創作性質的工作，所以能否經常產生靈感、發想新事物，就是我所講求的效率。因此，逐一過目又雜又多的資料、隨時切換到另一件工作，這種分散型的工作方式比較適合我，也比較有效率。就算我想整理收拾，但東西太多，又捨不得丟，到頭來只是浪費時間罷了，所以我不會動手整理。

Y：不整理通常會給人缺乏效率的印象，學校也是先教導學生要養成整理、收拾的習慣。我覺得學校會這麼教，應該是希望學生從收集、整理自己感興趣的東西開始，來學習如何提升效率吧？

森：學校是一大群人共享的公共空間，所以不整理收拾是不行的。為了讓許多人使用同一處場所，這就是要達成的效率目標。但自己的房間只有自己使用，就算堆滿自己喜歡的東西又何妨，與其說是凌亂，不如說是一種裝飾、陳列。

凡事都非得講求效率嗎？

Y：我在想還可以如何有效率地學習，於是試著蒐集感興趣的東西，想說這應該是一條捷徑……雖然這麼說有點武斷，但我實在懷疑，「有效率地學習」是可能做到的事嗎？

森：只能說有時間限制，就會有效率問題。如果明天要考試，有效率的學習方法就會派上用場，但平常還有更重要的事得做，所以就把「有效率的學習」這種事給忘了吧。

Y：啊，這倒是真的。

森：結果，效率充其量就是這麼回事。

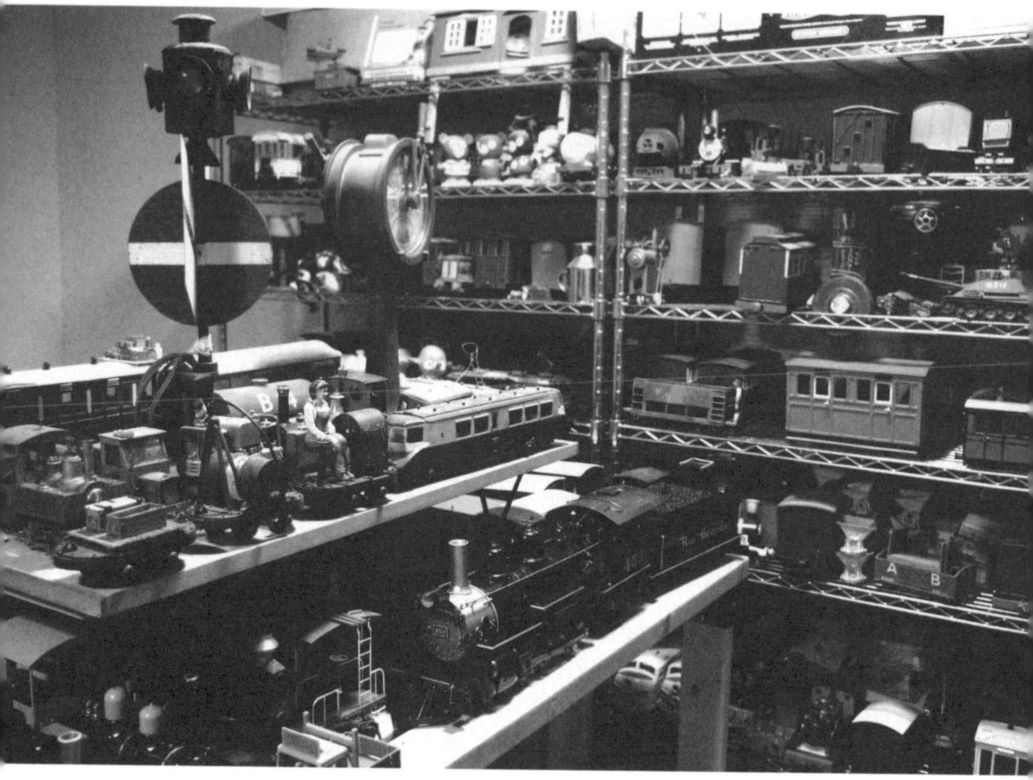
A B

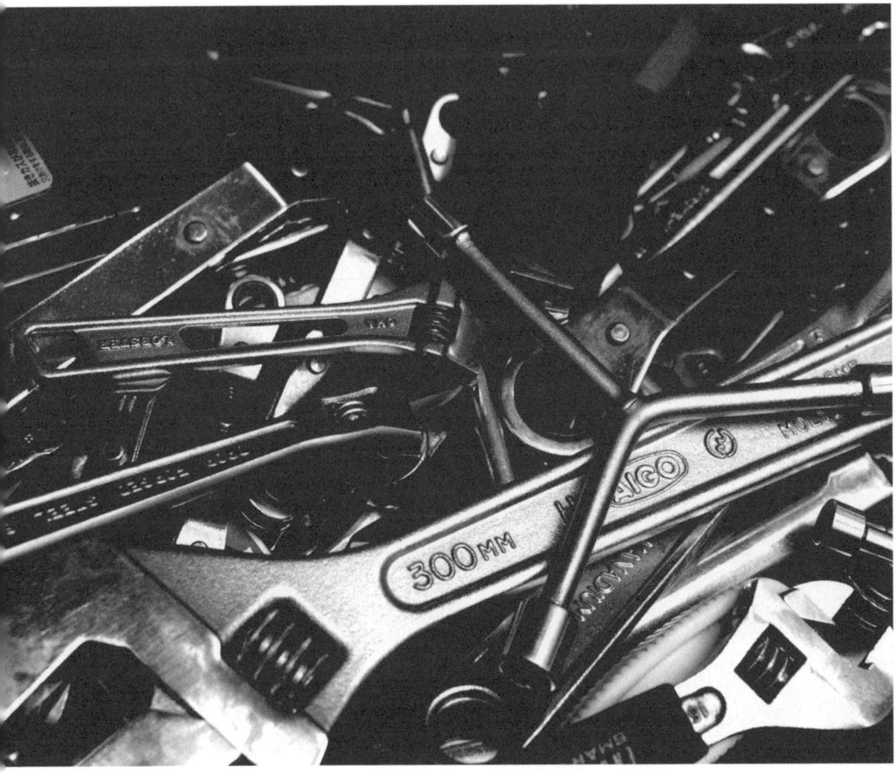
300MM

Chapter VII

「創作」超整理

「亂」其實能催生出很棒的工作，
因為人們感興趣、覺得好玩的事物並非是「井然有序」。
這個反差很大的結果，
與整理、整頓象徵的意義實在截然不同。

「整齊等於美麗」成了精神共識

一般來說，從事創作的工作環境相當凌亂，好比出版社編輯的辦公桌總是亂得離譜，研究人員也好不到哪兒去。此外，做工的人、藝術家的作業環境同樣是凌亂不堪。

凌亂有種不可思議的特質，那就是這樣的狀態看起來頗為「美麗」。或許這和所謂的廢墟之美，或是擺滿一堆商品的狹小店頭顯得很有魅力，是一樣的道理。整齊清潔絕非「美麗的唯一標準」，在某個程度上，人們對於此事的認知頗為複雜。

傳統日式家屋向來收拾得一塵不染，榻榻米上幾乎不放東西，不像現代住家會擺設家具，也不見收納用的櫃子。這就是日本傳統的生活樣式，屋內不做任何功用的區隔，成了一處怎麼使用都行的空間。要坐時，拿個座墊；吃飯時，擺張矮桌；睡覺時，才鋪棉被。當這些行為完成後，又收拾乾淨、回復原樣。這種精神好比「淨身」，亦即萬事萬物皆有「不淨」的一面，所以藉由時常回復潔淨，以保持正確性。當然，也是日本濕氣偏高，這麼做是基於衛生考量。

或許是出於這長久以來的傳統觀念，日本人覺得收拾乾淨的場所「很美麗」，也認為這才是井然有序的「正確之道」，所以很在意公共場所是否保持整潔，凌亂不堪的模樣往往被視為「亂象」。一旦難以統馭，上級的指示與想法無法傳達給下屬，就會爆發顛覆權力的騷動，因此必須有所謂的領導權，才能預防這樣的危機。

換句話說，每個人皆有著避免讓日常脫軌，以打造整齊清明的社會為目標的精神共識。

「亂」其實能催生出很棒的工作

如同前面說過，世上的確還是存在著因為「脫序」而產生的力量。不管哪個時代，總是會有一些認為人生而自由，不想被束縛、支配的傢伙。好比被稱為「藝術」的這個領域，往往就自外於社會秩序，特立而獨行。藝術家有時會因為言行過於前衛，招致當權者的反感，尤其新文化起初多半都遭到社會極力排斥，在世人眼中只覺得亂七八糟、褻瀆一切。

現代藝術便是超越這般時代偏見而生的產物，無奈時至今日，擾亂社會秩序的極端前衛事物還是受限於法律，只能純屬個人興趣，依法難以公開。不過，這樣的情形也正在逐漸改善。

以往藝術被視為是用來「消遣、解悶、玩樂」，直到社會發展到相當的富裕程度，從事藝術才成為一種工作。在戰爭爆發，人們飽受飢荒之災的世局中，藝術並沒有做為職業的價值，財富集中在少數人身上，也只有極少數的藝術家才能得到這些富人的青睞。

工業革命後，藝術開始大眾化，藝術創作才初次成為衣食住之外的一項主流職業，今後勢必也將更加擴展。將來的世界應該會變成由人們負責創作，生產則由機械代勞的狀態吧。

由此客觀看來，「亂」其實能催生出很棒的工作，因為人們感興趣、覺得好玩的事物並非是「井然有序」。這個反差很大的結果，與整理、整頓象徵的意義實在截然不同，對吧？

寫作需要整理情報、資訊嗎？

走筆至此，我對整理、整頓一事所提出的觀點與意見，結果都是從創作的角度來看吧。畢竟我一直都是從事這方面的工作，但也有例外就是了。好比工作中的部分基礎作業（工具管理等），以及處理學校的行政事務（委員會、會議相關記錄）等，這些都要逐一分類、收納、建檔以便管理。而對我來說，這些例外事務就算沒有統整管理，應該也不至於太過困擾。

三十多歲時，我突然開始創作小說，以作家身分出道，這也是我從未涉獵的領域，而且因為大量接收到各種新資訊，一時之間完全不曉得該如何保管和整理。

比方說，我記得剛開始是以漢字、平假名或片假名標註、管理資料，藉以確立自己的作業原則、整理工作清單，結果這個作法持續了一年左右就無疾而終，我也逐漸摸熟了寫作這份工作。此外，我還會保管編輯寄給我的信件和資料，以及刊載拙作的雜誌、報紙等，大概持續了三年，現在也不這麼做了。

因為我覺得沒有必要留存、保管，除非真有少數資料非得這麼處理，不然就當成是一般的情報、資訊。以往手邊必須留存資料，如今網際網路普及，隨時可以上網檢索，所以我寫作時手邊不需要任何資料，也就不必花心思整理。

分散型工作術容易迎來靈感？

以小說家身分出道後，我從不隨身帶著什麼記下靈感的筆記本，因為我不寫小說大綱，也不會事先決定要寫什麼樣的故事內容。總之，我不會先想好要寫什麼主題、有哪些人物登場、又會是什麼樣的結局，完全是從一張白紙開始書寫。

我會事先想的只有書名，而且會花上半年左右思考，列出上百個再從中挑選。編輯Y小姐說她最感棘手的事就是寫文案，我想她只是沒多花一點時間思考吧。要說寫文案有什麼方法可言，那就是花些時間，直到想出來為止，不斷地思考就對了。

發想是創作的起點，一旦有靈感便能動筆書寫，而忘情書寫時，就只是勞動。光是將腦中想像化為文字，就已經非常疲累，所以我通常寫個十分鐘、十五分鐘，便會停筆去做別的事。

所謂別的事，是指在庭園用鏟子挖土、在住家附近的草原玩遙控模型飛機、搭乘自製小火車沿著我在庭園內鋪設的鐵道周遊一趟、和小狗玩耍、動手做東西等，做完這些事之後再寫個十分鐘左右，一天就這麼重複四、五次，這就是我現在的創作情況。

在做寫小說以外的事情時，我絕對不會思考小說的事、設想故事情節要如何發展，只是忘情地做著每件事。不過，因為我沒什麼耐心持續做一件事，所以稍微投入後就會踩煞車，又轉向做另一件事。

沒記下來會忘的，就不是什麼好點子

我花很多時間發想書名，但不是一直想、花好幾個小時想，而是大概想個十分鐘，便去做別的事。不過，有時在想到什麼之後，我會再思索個一分鐘左右。而且不錯的靈感往往是在做其他事情時突然湧現，會讓人有種「沒錯！就是這個」的感覺。

我不會記下靈感，反正要是沒記下來會忘的，就不是什麼絕佳點子。我們往往高估剛迸出來的靈感，隨著時間流逝，才能冷靜判斷這點子其實不怎麼樣。我之所以故意不記下來，是想透過「是否還記得」這篩子，來吟味靈感。

評價這靈感是否為絕佳點子，其實是不同於發想的另一種思考，也是一種根據經驗與資料而做的計算。換句話說，這是從眾多獲得靈感並加以運用的經驗中，所逐步淬鍊出來的評價。對於欠缺這方面經驗的人來說，因為從沒這麼思考過，也就無從判斷靈感的優劣。因此，一般工作的基本架構就是與有經驗的人分享自己的靈感，在他人的傳授與指導下，讓自己也能漸漸學會如何判斷。

世人渴求的才能是「原創性」

這種對於靈感優劣的判定，某種程度上來說也是「方法」，雖說頗為抽象，但還是可以稱為方法論，畢竟這是出自過來人的教導。然而，即使能判定靈感的好壞，也不代表就會發想，因為「想不想得到」又是另一種才能。

這道理就跟編輯知道什麼樣的小說會暢銷，自己卻寫不出來是一樣的。對創作而言，原創性是絕對必要的元素。

以小說為例，作者寫出了充滿原創性的作品，至於文句是否通順、架構是否完整，表達呈現是否有不妥之處等，這些瑣碎細節就交由編輯調整修正。基本上，有經驗、有實力可以提供這項支援的人相當多，但能夠發想出精彩原作的人，才是世間渴求的人才。

出版社想要的不是完成度很高的作品，而是多少仍需要統整的作品。也就是說，他們要的不是那種小而美的作品，也不是巧妙加入時下很夯的賣點、內容和暢銷書近似的作品。

所以結論就是——擬定策略以打造暢銷書的手法，並不可行。實際上，倒也不能這樣一概而論，應該說大致有此傾向會比較恰當。

關於擬定策略、調整修正等比較技術層面的事，稍微挪後再討論也無妨，可以確定的是，事物的本質在於最初的發想。

不需要專注力，就能創造美感與效率

前陣子，我寫了一本名為《不需要專注力》的書，書中提到需要專注力的工作，就是有如機械般反覆、正確地做同一件事。在這方面，人類無法與機械相比，畢竟這本來就不是適合人類的工作。相較於此，創作性質的工作則是需要隨時留意周遭、不停思考，才能刺激發想。

所以一提到「不需要整理」，就會讓人聯想到創作者的工作場所。因為他們深知，在有些凌亂的環境做起事來會更有效率，工作環境也就自然變成這樣了。基本上，他們從未想過要整理、整頓以提升工作效率，搞不好根本沒有這種概念。

以庭園為例，大家應該聽過「枯山水」庭園吧，這是想要表現自然，卻以非常人工的方式重現簡約之美的傑作，呈現極為工整、有序的感覺，想必保養與維護也很費工。然而，枯山水展現的或許是一種窮究本質的世界觀，要經過整理整頓、集中心志，才能加以體驗。

另一方面，近來頗受歡迎的「英式花園」乍看之下紛亂多樣、雜草叢生，營造的是接近自然的景觀。當然依各人喜好而定，就算都是英式花園，也會呈現不同的樣貌，可說是一種以人工方式漸次調整、反覆修正的自然。

英式花園呈現的是「雜亂」風格，至少比枯山水來得雜亂，至於哪一種比較美麗，則取決於個人感受。枯山水的製作與維護必須投入相當心血，英式花園則是著重於日常觀察、留意自然變化、講求平衡感等，完全不需要專注力這等能耐。

重點不是怎麼跑，而是你想跑向哪裡？

只要稍微以俯瞰的視角來看待事物，就會發現文化價值也十分多樣化，每個人的感受都不相同，可以自由發展。實現自己描繪的夢想就是一種自由，也是自己的人生目的，完全沒有必要跟別人一樣。

那麼，在這多樣化的時代，整理術真能發揮效用嗎？

它當然有發揮效用的時候，卻不會解決所有問題。說得籠統一點，做完整理、整頓能讓心情稍稍變好，便是一大效果。好比突然想起小學時當值日生的事，頓時覺得好懷念，但這件事並沒有足以改變人生本質的力量。

人可以隨心所欲步行到任何地方，用跑的也行；雖然在柏油路上奔跑方便又安全，但也可以跑在沒鋪柏油的路上；我們無法在水面上行走，但可以游泳，要去哪兒都沒問題。

那麼，要怎麼跑才有效率呢？

什麼樣的環境比較適合跑步呢？

只要改善跑步方式，應該就能跑得更快。

只要整頓好環境，跑起來就會更輕鬆吧。

像這樣思考如何改善跑步的方式與場所，就是所謂的「方法論」。

然而，事情不是這樣的。

真正的重點是，你究竟想跑向哪裡？

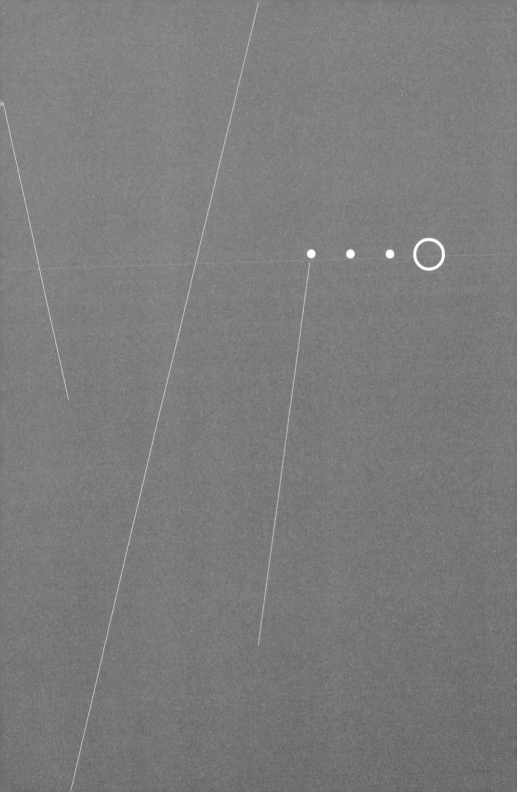

Chapter VIII

「環境」超整理

人只要活著，就會和他人、場所、物體產生關係，
這些關係就稱為「環境」，而且有不少是互相連結。
這個環境會和「自己」的存在融為一體，所以跟整頓自身一樣，
整理自己周遭的「環境」，也是人生中非常重要的工作。

我的東西老是鬧失蹤

因為個性彆扭的作者寫了很多主張整理、整頓沒有用的觀點，想必讓不少看了本書的讀者深感失望吧。看來就算想在這最後的第八章試圖扭轉，怕也是太遲了。

我寫這本書是想告訴大家，我的書房、工作室等主要活動場所全都亂成一團，所以我真的很困擾。

要是有誰願意幫忙整理，我當然很開心，問題是如果沒人能即時回答什麼東西放在哪裡，情況恐怕比現在更糟吧。就算我自己來收拾，也一樣不曉得把什麼東西放到哪裡去。總之，我也不是完全排斥整理收拾這件事。

剛才放在這裡的東西不見了？到底是誰拿走了呢？我常常這樣焦急地東翻西找，還會喃喃自語：「真是的，怎麼會這樣呢？」

最後總算還是找到了。那麼，為什麼會放在那裡呢？答案是我放的。我的人生中，還沒有發生過什麼超自然移動現象。有時候同住的家人也會基於某種理由移動我的東西，但是頻率極低，頂多三百次之中就那麼一次，所以是我自己不好，明明移動東西卻忘了。

一回神，才發現怎麼找也找不到

問我為什麼會這樣無意識地移動東西，是因為我被別的東西吸引了，基於某種理由而稍微挪移，或是隨手將別的東西往上面一擱，結果就找不到了。

總之，就算是身邊的東西也常常鬧失蹤，所以我不時會思考如何解決這個問題的對策。

首先，像是筆、剪刀等文具用品，以及指甲剪等日常用品，這些使用頻率高的東西放在馬上就能找到的地方，盡量不要挪動，用完立刻物歸原處。不過，橡皮擦這東西我就沒轍了，因為幾乎用不到，想用的時候又找不到（我大概兩個月才用到一次橡皮擦）。

還有像是電腦的滑鼠，如果是有線的應該比較不容易搞丟，所以我絕不適合用無線滑鼠，因為一下子就會被桌上的雜物掩沒。

我在書房除了寫作之外，也會做各種事，像是組裝模型飛機、修理鐵道模型（比各位想像的要大上十倍左右）等，所以一忙起來，狹小的工作室只會更凌亂。

地板快滿到沒路可走了

我的工作桌四周平常就堆放著很多模型，大概有上百個吧。因為書架上也擺放著模型，所以每次取書都得將十個左右的模型暫時移位。

臥室也是，地板上堆積著兩千本左右的模型雜誌，最古老的是約莫百年前的雜誌，我每天睡前會翻閱一本。因為愛犬和我同睡一房，所以我們兩個只能走在沒有堆放雜誌的地板上。

車庫裡也都是模型。本來是設計成能停放三輛大車的空間，結果車子一次也沒停進去過，全被模型占滿了，地下室倉庫也好不到哪兒去。最近我又蓋了新車庫，總算把車子停進去，但裡頭已經被機關車占了大半空間。

庭院腹地上還有一間別館，但也逐漸被模型占領。隨著模型越來越多，體積大一點、重一點的模型沒辦法放上書架，只好擺在地板上。可以的話我也想整理，奈何就是找不出空檔。再者，比起花時間整理，打造收納空間還比較快，所以我頻頻增設空間。

所以，我從來沒想過要處理掉這些東西，雖然應該可以賣不少錢，但這麼做很麻煩。只不過，畢竟是上了年紀，記憶力也不比以往，到底有哪些東西？這個又是放在哪裡？難免有怎麼想也想不起來的時候。「我記得有啊」、「那東西是放在哪裡啊？」我常要花好長時間找東西。

過著和「斷捨離」完全相反的生活

其實，我過著和「斷捨離」完全相反的生活。雖然極簡生活似乎很不錯，但以我的狀況來說，設法增加收納空間是不是更容易呢？這樣也不會給任何人添麻煩。自己管理所有東西、自己設法增加收納空間，也因此必須自己賺些資金來落實這樣的策略，不是嗎？

看過我家車庫的人都會說：「應該是老婆大人十分理解，才能這麼做吧。」其實我家老婆大人並未理解，因為她沒見過車庫的景況，所以全然不知。

不過，我賺的錢大半都給她自由使用就是了，如同我想隨心所欲生活，所以希望她也自由自在過日子。倘若「理解」是必要條件，那就不叫「理解」了，不是嗎？反正我又沒向老婆大人借錢，沒必要取得她的許可。

再者，我年紀也大了，不曉得人生何時會謝幕，為了在嚥下最後一口氣時也能輕鬆自在，我總得留些錢處理這些東西。搞不好我只要廣播放送一下：「歡迎免費索取！」就有一堆人來拿吧，也或許很多人想販售我的收藏與雜物，至少會有人來幫我收拾這一大拖拉庫的東西。

如果擁有的都是很有價值又能變賣的東西，在世時就沒有必要斷捨離。坦白說，我實在不明白到底在焦慮什麼？為何要斷捨離呢？是因為擁有的東西都沒什麼價值、自己也沒能力處置而深感不安嗎？

如果想要收起來，那幹嘛要買？

對於「收納」，我也常覺得困惑。為什麼大家都熱中收納呢？既然是討厭到想藏起來的東西，不買不就得了嗎？我自己掏錢買的東西，當然想擺飾起來，所以全都放在看得到的地方。自己掏錢買的東西，我從來沒有收進盒子裡的習慣，既然買了，就會馬上拿出來，扔掉盒子。當然以後要賣的話，有盒子賣相還是比較好，但既然一開始就是出於想要而買，也沒打算賣給別人，自然會放在自己一直看得到的地方。

但是東西長期擺著，難免會沾染灰塵。「該怎麼做才好呢？」我也常被這樣問。要用的時候，就打理乾淨，或是想欣賞時，便順手清掃一下。如果是不太容易清理、比較精緻的東西，可以用壓克力之類的盒子裝著，但多半還是過了一段時間就會蒙上灰塵。其實，物品沾染灰塵不會有什麼傷害，反而是除去灰塵的動作，比較可能損壞東西。

我也不洗車。通常車子送廠保養回來就會變得很乾淨，除此之外，我幾乎不洗車。前幾天為了測試新買的高壓洗淨機性能，所以洗了兩次，活到這把年紀，我一共只洗過五次車吧。我覺得既然是坐進車子裡開車，當然要清掃車內，但車殼與車子的性能無關，根本沒必要清洗。

換句話說，我不太在意別人怎麼看我。相較之下，很多人是過於在意別人的目光，為了顧及臉面而收納、洗車，不是嗎？當然，這不是什麼壞事，只是我個人沒這般心思。

或許有點離題了。我認為告別人生前，好好整理、處置、打點自己絕非壞事，只是每次看到秉持這種信念而活的老人家，就覺得很不可思議，好奇他們到底過著什麼樣的人生。總之，就是這麼回事。

／懂得認同自我的人，令人羨慕

說了那麼多，結果最重要的不是整理東西，而是整理自己的生存之道，對吧？好好整理、整頓、打點自己，不是臨死前才要做的事，甚至是從年輕時就該身體力行。這樣才能活得從容自在，不被無謂之事迷惑，過得更自由、更快樂。

畢竟年輕時不會想這麼遠，這種事也沒什麼好誇耀，但我若是看到年紀輕輕便懂得好好規劃人生、過得幸福洋溢的人，就會十分羨慕。

懂得整理、整頓人生的人都有個共通點，就是會自己評價自己。無論是自己的人生計畫，還是對這份計畫的評價，一切都是由自己判定；雖然有時也會為了誰而行動，但最後的結果終究還是由自己來評價。

並非受人之託，也不在乎是否得到別人的讚美，只是做自己想做的事。這該說是自發性，或是自我認同的態度呢？我認為這是讓一個人散發魅力的重要特質，難道只有我這麼覺得嗎？

凡事為自己而做，才是王道

人的確無法獨活，身為社會的一份子，必然受到周遭的照顧，也會給人添麻煩。會有需要外力協助才能完成的事，也會有承繼他人的意志，或是將自己的意志委以他人的時候。

但基本上，我們都是一個人，獨自來到世上，獨自走向人生終點。

人生只有一次，前提是要自己評價自己的人生。面對別人的評價，頂多就是微笑接受吧，我總覺得這種狀況有點令人尷尬。

為何這麼說呢？因為只有自己最清楚自己的所作所為，不但從頭到尾看在眼裡，也明白任何前因後果和枝微末節，所以自己就像是長伴在自己身旁的守護神。無論是多麼親密、多麼理解你的人，也不可能知道你的一切，沒有人能完全體會你真正的感受。

因此，不管別人再怎麼評價你的行為、再怎麼讚美你，其中一定也會有「你和別人的認知有落差」的部分。比起接受別人的讚美，認同自己、肯定自己會更覺得開心，不是嗎？因為能夠給予最正確評價的人，永遠都是自己，所以我認為凡事為自己而做，才是王道。

整頓心情，不要在意別人的眼光

即便用言語說明，也無法表達得盡善盡美，況且對方往往只能夠理解一小部分，絕大部分還是誤解，只要這麼想就行了。就連以寫作維生的我，也是如此認為。

應該有不少人一旦陷入無法讓別人明白真相的困境，都會深感不安。無法讓對方理解、自己遭到了誤解，煩惱著不知該如何是好，其實這種情況再普通不過了。即便做過解釋，也有很多人理解了，結果還是會因為一小部分的人無法理解而逆轉。基本上，自己是自己，縱使沒人能理解，只要自己明白即可；自己知道的自己才是最真實的，只要自己評價自己就好了。

換言之，整理、整頓心情就是這麼回事。重新審視自己，也就是不要在意別人的眼光。

肉體也是屬於環境的一部分

就物理上來說，我們身邊應該多少都有一些人存在著。或許有人過著完全獨居的生活，但住家附近還是有鄰居。此外，因為自己的生活圈有一定範圍，在這圈子裡也會有不少自己的所有物，這些東西對自己來說，是近乎他人般的存在，也是不同於自己的存在。

人只要活著，就會和他人、場所、物體產生關係，一言以蔽之，這樣的關係就稱為「環境」。就某種意思來說，這個環境會和所謂的「自己」融為一體，而自己也有內、外之分，內主要是指自己的腦子（思緒、想法），外就是自己身處的環境。

至於要把自己的肉體看成是內或外，端視個人而定。我是將自己這副身軀看成外，怎麼說呢？因為能讓醫師檢查體況，也能讓別人幫忙包紮傷口，雖說是近似自己的存在，樣貌卻無法如自己所想去呈現，肉體就是如此。所以，我認為肉體是屬於環境的一部分。

自己身處的外在環境有許多他人、場所和物體，所以他人、場所和物體並非截然不同的東西，有不少都是相互關連、無法切割。總之，還是將自己以外的存在視為「環境」比較好。

他人是最不受控的「環境」

一提到「環境」，就會聯想到大自然或地球。這樣的聯想當然沒錯，只是範圍廣大的「環境」和自己還是有些距離，時間跨度上也有很大的差異。

當我不停思索著自己身處的環境有多大時，發現了一個問題，那就是究竟要聚焦於多大的範圍。可想而知，最有影響力的是自己周遭的環境；至於時間上，則是不久的將來會深刻牽動著現在的行為。

就跟整頓自身一樣，整理、整頓自己周遭的「環境」，是人生中非常重要的工作；藉此也可以認清，憑自己的力量能夠對重要的課題造就多大程度的改變。

希望盡一己之力改變地球環境，這種想法確實很了不起，但最好先決定自己要以成為科學家還是政治人物為目標，再開始學習、精進。此外，當你考慮要串連周遭外力、展開行動時，一旦這股「周遭外力」不如預期，就會稍微偏離你所設定的目標。

即便是家人、另一伴或孩子，還是屬於他人，必須視其為「環境」，要是以為他們都能成為你想要的樣子，可就大錯特錯了。總之，人是最不受控的。

場所和物體其實最好應付

其實場所和物體最好應付，不喜歡這個場所，只要自行移動到別處就行了。無奈很多人做不到這一點，非得代代死守祖先傳承下來的土地，我實在無法理解這種心態。面對如此注重傳統的狀況，也只有另謀他途了。這就像是明明想整理、整頓，自己的房間裡卻擺著一輛幾噸重的戰車，只是這樣的比喻也不太好理解吧。

物體也一樣，如果是自己的所有物就好辦了；倘若不是，那就跟土地一樣無法移動，只能改變自己的位置。

相信大家都知道，能自行移動到任何地方是莫大的自由。相較於以往的傳統社會不允許個人恣意離開生長的土地、前往自己喜歡的地方，如今自由行動已經成了個人權利，希望大家都切實地領悟到這有多麼可貴。

整頓環境，排除人生前進的障礙

既然大致理解自己可享的自由是什麼了，接著就來思考要用什麼樣的方法改變環境吧。

基本上，這是耗時又花錢的事，而一旦決定了要如何具體地進行改變，便可以估算出要花費的時間和金錢。反正方法也沒那麼多，從中挑選、決定優先順序，然後就趕緊從首要的項目著手進行。

時常自行評價進展是否順利，這一點也很重要。畢竟事態常有可能不如預期，這時就必須修正方針與作法。

總之，也有像這樣擬定計畫、耗費時間，並且確切落實的環境整理術，幾乎等同於所謂的人生設計。為何會這麼說呢？因為整理好環境之後，便可以做自己喜歡做的事，就此底定了人生目標，接下來便是朝著目標一步步邁進。

因為是獨自行動，所以能按照心中所想前進，沒有任何扯後腿的阻礙，而整理、整頓環境的作用，就是在排除這些阻礙。

一邊妥協調整，一邊找尋自我

能在嚥下最後一口氣之前整理、整頓環境當然很好，問題是這會不會有點太遲了？整理好之後要做什麼呢，那時人生也已經畫下句點了，不是嗎？

當然，以整理環境做為「lifework」（終生課題）的人生，倒也不是不可行，或許也會過得很開心。只是這麼一來，會有個令人困惑的問題，那就是還沒用到打磨好的工具，人生就結束了，這樣真的好嗎？

不過，這畢竟只是我身為旁觀者的想法，當事人要是不在意，當然就沒問題。

可想而知，人生絕非是一條可以不斷勇往直前的康莊大道，總有無數的阻礙等著我們，途中當然也會遭遇不得不變更目標的情況，到時再停下來想想怎麼做就好。

因為沒跟任何人約定，也沒有簽下契約，都是自己決定自己的各種預定計畫，所以適度變更並無妨，有時也必須妥協。就算偏離最初描繪的目標，迫於現實只能妥協做到某個程度，但告訴自己至少也要試著走到那裡，而不是乾脆放棄，反而讓人更帶勁，不是嗎？

因為自己是落實這個目標的當事人，所以最大的前提就是要因應自己的能力，擬定適合的計畫。千萬別自命不凡，忘了謙虛反省；也別讓自己吃虧，要積極爭取權益。如此一來，一定會更了解自己是個什麼樣的人，換句話說，這應該也是一種「找尋自我」的過程吧？

試著努力一下，累積自由的樂趣

最重要的是，這個整頓自我環境的過程很有趣，大概會好玩得讓人自顧自地笑起來，理解到活著的樂趣莫過於此。

為了理解這樣的樂趣，至少得稍微忍耐，試著努力一下吧。

你是否深信，只要買了什麼想要的東西，這樣的消費行為就是你的人生樂趣？

你是否執拗地認為，將自己大半的時間奉獻給某人，就是你的人生景況？

人，其實很自由，要是懷疑的話，去試一下就對了。

明天就試著去自己喜歡的地方、吃自己喜歡的食物吧。

不必逐一向誰報告，也不需要拿這種事來誇口，只要自己覺得開心就好。

這樣多少就會明白，能夠自由地做任何事，是多麼難能可貴。

只要每天累積這樣的自由，你就能為了自己，創造出意想不到的莫大自由與樂趣。

後記——一切都是如此無可奈何

家母遺留下來的尋寶遊戲

家母是個任何東西都會整理、收納得十分妥當的人，不丟東西是她的一大原則，所以她會將物品仔細分類，整齊地收進箱子和抽屜。每當我因為工作需要用到什麼東西，只要跟她說，她都能幫我張羅到，好比橡皮筋、氣泡紙、空箱子，甚至連裝魚糕的板子都沒問題，而且收集的數量相當驚人，我家孩子還拿來當積木玩。

因為不斷地收納大量物品，擺放的房間也逐漸倉庫化，而且有好幾間。因應家母的要求，我還在庭院增建了小屋，方便她把用不到的東西仔細分類、收納。

家母過世後，我開始尋寶探險。大約在一年之間，我發現了家母藏起來的幾十萬日圓私房錢。因為有這樣的報酬，我沒理由不繼續尋寶，彷彿家母早料想到會有這麼一天，所以四處藏著賞金。後來老家拆除，這些東西全變成垃圾處理掉了，總共花費大約三百萬日圓，家母連這筆錢也預留下來了。

家母並未留下任何遺言，只說了一句「謝謝」便溘然離世。

家父曾獨居在老家一段時間，我每天去探望他時，都會到超市幫他買些食物、日常用品。後來，待在家裡的他漸漸不太活動了，連鑽進被窩睡覺這樣的動作都嫌吃力。三年後，家父主動說想入住養老院，我於是陪他尋找適合的地方，住進照護機構的他，在約莫兩年後去世。

我幾乎沒什麼照護父母的經歷，總覺得不給我這個兒子添麻煩的兩老真的很偉大。可以的話，我也不想給自己的孩子添麻煩，只不過這種事很難說就是了。

母親是整理魔人，父親個性嚴肅認真，身為他們的孩子，我卻是個懶散又大剌剌的傢伙。

然而，這樣的我卻喜歡做些瑣細的事，每天都很沉迷於製作模型，或許正因為不擅長，才會覺得有趣吧，這是我對自己的分析。

家母八成也是不擅長整理、整頓吧。畢竟克服自己深感棘手的事，會感受到莫大的喜悅。好比就讀小學時，我非常討厭上國語課，每次被點名唸課文，總是唸得結結巴巴，所以國語是成績最差的一科。沒想到這樣的我居然成了作家，要靠寫作賺錢。不過，我倒也不是想克服最不擅長的國語，所以才成為作家。

是無盡的苦行還是夢想的起點？

當東西越來越多，陷入無法收拾、亂成一團的狀況時，整理、整頓便有如無止盡的苦行。然而，當東西還不是很多，尤其是要在新場所展開新生活時，整理、整頓就顯得格外有趣——今後還會增加什麼呢？要用什麼方式收納呢？思考這些事，就彷彿在夢想自己的未來。

收藏東西也有類似的傾向。起初只入手了兩、三個，後來乾脆就想要收集，想像將這些東西並排在架子上當成裝飾品，不也是一種樂趣嗎？內心會感到悸動不已。

年輕時的人腦也是如此，稍微獲得一點資訊便很感興趣，想繼續擴增相關見聞，甚至會想著若補足了知識，也許能成為這個領域的專家。追求著憧憬的事物，真的很開心，也很興奮。相較於此，要是東西囤積到某種程度，已經難以收拾，不僅光明的未來消失了，也會傷透腦筋，不曉得要怎麼處分這些用不著的東西——坦白說，屆時根本連碰都不想碰。基本上，只有在遇到必須騰出一定空間之類的狀況時，才會逼不得已去收拾、整理。

生活環境散亂，但生存之道可沒有一團糟

家父、家母從未搬家，所以家中的東西才會囤積成這般局面。我很喜歡搬家，長大成人後搬過十次家，平均一個地方住五年，我大概是個搬家狂吧。只是準備搬家前，我會完全放棄努力減少一些家當，所以每次都是帶著一大堆物品移動。

這些物品的數量相當驚人，最近一次搬家，我大概足足搬了五個一般日本家庭會有的家當吧。日本人搬家時帶的東西本來就很多，我更堪稱是其中的佼佼者，而且在這大量的物品中，

有百分之七十以上都是我的嗜好品，具體來說就是飛機、機關車之類的。因為無法一次搬完，所以搬家時間通常要抓個半年左右。

我不賭博、不旅行，也幾乎不外食，不會亂花錢，對名牌精品也沒興趣，只把錢花在自己的興趣和嗜好上。而自己賞玩畢竟有個限度，所以不會花費得太過分。

既然如此，那東西增加的數量為何如此驚人？這與我擬定的人生方針有關。為了購買想要的東西，於是我開始打工，從事作家這個工作。因為我考量現實後，覺得比起忍耐不買，打工賺錢還比較容易。此外，每次東西一增加，再也無法收納時，我就會另外尋覓空間更寬敞的住所。因為對我來說，比起斷捨離，搬家更簡單又實際。

如果有想要的東西，工作賺錢買就對了；倘若需要更寬敞的地方收納，遷居鄉下就行了。我的判斷就是如此單純。

雖然我的生活環境散亂，但生存之道可沒有一團糟。

就這樣任憑東西散亂，直到告別人世也沒空整理收拾，這也是無可奈何的事。是的，一切都是如此無可奈何。

A& B

4
DOWN

YIE
LD

國家圖書館出版品預行編目（CIP）資料

人生超整理
任何整理術都比不上你開始思考。
想要煥然一新，該整理的不是物品，而是思考方式、人際關係，還有你自己。

森博嗣著；楊明綺譯
—初版—新北市：仲間出版：遠足文化事業股份有限公司 2021.09
232 面；14.8 × 21 公分（Soulmate；12）

ISBN　978-986-98920-9-4（平裝）
1. 人生哲學　2. 自我實現

191.9　110013143

Soulmate 12

人生超整理

任何整理術都比不上你開始思考。
想要煥然一新，該整理的不是物品，而是思考方式、人際關係，還有你自己。

作者 森博嗣
譯者 楊明綺

特約主編 賴文惠
美術設計 井十二設計研究室

總編輯 郭玢玢
社長 郭重興

發行人
兼出版總監 曾大福

出版 仲間出版／遠足文化事業股份有限公司
發行 遠足文化事業股份有限公司

地址 新北市（231）新店區民權路 108-3 號 8 樓
電話 02-2218-1417
傳真 02-2218-8057
客服專線 0800-221-029

電郵 service@bookrep.com.tw
網站 www.bookrep.com.tw

劃撥帳號 19504465／遠足文化事業股份有限公司

印製 通南彩印股份有限公司

定價 NT$360
初版 2021/9（一刷）

法律顧問 華洋法律事務所／蘇文生律師